자기효능감

능력에 대한 신념

성취에 대한 확신

박시옥

Self-Efficacy

박영story

자기효능감!

성취 하고자 하는 목표의 일정 수준에 도달할 수
있다는 자신의 능력에 대한 확신이다.
'이건 내 능력 부족이 아니야, 단순히 실수 했을뿐이야'
라고 당당하게 얘기하고 다시 도전할 수 있는 용기의 근원..
그래서 저자는 '구성원의 자기효능감을 떨어뜨리는 리더
자리를 떠나라'라고 말하고 있다.

리더의 조직관리 효능감!

리더 자신이 속해있는 조직의 성공에 대한
확신, 믿음이라고 저자는 정의하고 있다.
실패를 거듭하는 조직도 그 리더가 가면
성공하는 조직으로 바꿔 놓는다..
그러나 이러한 조직관리 효능감도 구성원의
자기효능감을 바탕에 둔 것이어야 한다.

자기효능감은 삶의 긴 여정에서 자신의 능력에
대한 신념으로 끊임없이 목표에 도전하여 성취해가고
고난과 역경에 처해서도 자신을 이겨내고
지탱해가는 마지막 보루인지 모른다.

프롤로그

"자기효능감은 자신의 능력에 대한 확신이다"

　자기효능감은 성취하고자 하는 수행 수준에 도달할 수 있다는 자기 능력에 대한 신념이다.

　개인의 스스로에 대한 신념이 행동에 영향을 미치고, 그 자신감에 따라 행동 수준이 결정된다고 보는 것이다. 자기효능감은 누구에게나 있다. 글을 쓰는 효능감, 리더로서의 효능감. 회사를 이끄는 대표로서의 효능감, 장사라면 자신 있는 사업가로서의 효능감, 어떤 모임이든 주도해야 하는 리더로서의 효능감, 운동선수로서의 효능감 등 하고 있는 일이나 취미 분야 그 어디에서든 누구에게나 효능감이 있다.

　그런데 자기효능감이 강한 사람들은 자기 동기력이 강하고 쉽게 포기하지 않는다는 공통점이 있다. 리우 올림픽에서 난관에 봉착했을 때 포기하지 않고 우승을 거둔 진종오 선수, 박인비 선수는 누구보다 자기효능감이 높다. 그들이 우승할 수 있었던 까닭은 자신의 능력에 대한 신념에 기인한다. 특히 진종오 선수처럼 위기의 순간에도 다시 도전해 우승할 수 있는 힘은 어디에서 오는가? 지금 겪는 실패를 자신의 능력 부족이 아니라 지나가는 실수로 여기고 툭툭 털고 일어서는 자기효능감에서 오는 것이다.

이 같은 자신의 능력에 대한 신념은 스스로 노력한 결과이기도 하지만, 주변으로부터 받는 크고 작은 격려, 그리고 반복되는 크고 작은 성공경험들이 자기효능감을 만드는 밑거름이 되었을 것이다. 어릴 때는 부모님과 선생님, 성장하면서는 주위 친구들, 그리고 사회에 발을 내딛으면서는 함께 일하는 상사나 동료 등 말이다. 그렇다면 과연 나는 주위 사람들의 자기효능감을 성장시키는 사람인가? 아니면 그들의 효능감을 떨어뜨리는 사람인가?

"조직구성원의 자기효능감을 떨어뜨리는 주범은 리더의 권위의식이다"

리더의 권위는 자리에서가 아니라 역량과 바람직한 성품에서 자연스럽게 우러나오는 인격에서 나와야 한다. 한때 미국 국방부 차관이었던 사람이 연설대에 섰다. 마시던 종이컵에 든 커피를 내려놓은 후 말을 이어갔다.

"저는 작년 이맘때도 이 자리에 섰었습니다. 항공기는 비즈니스 석을 타고 왔고 공항에 내리자 차로 마중 나온 사람이 호텔까지 태우고 가서 대신 체크인을 하고, 열쇠를 가지고 방까지 안내해주었습니다. 아침 강의 전 대기실에서는 예쁜 찻잔에 직접 차를 따라 가져다주었습니다. 그런데 어제 저녁에는 이코노미 석을 타고 공항에 내리자 아무도 마중 나오지 않아 택시를 타고 호텔까지 왔습니다. 직접 체크인하고 직접 방 열쇠를 받아 호텔 방으로 올라갔습니다. 그리고 오늘 아침 여기에 서기 전 대기실에서는 커피를 부탁하자 강의 진행자는 귀찮다는 듯 탁자에 놓인 커피메이커를 턱으로 가리켰습니다. 저는 커피 메이커에서 커피를 따라서 잔을 들고 이 자리에 섰습니다. 조금 전에 마신 종이컵에 든 커피가 바로 그 커피입니다. 제게 달라진 것이라면 작년에는 국방부 차관으로 왔고 이번에는 자연인으로 이 자리에 섰다는 것입니다."

지금 여러분이 몸담고 있는 조직의 구성원들도 리더 자체가 아니라 그 자리에서 나오는 권위에 마지못해 따라오고 있지는 않은지 돌아볼 일이다. 높은 권위의식에 얽매인 리더는 구성원의 자기효능감을 떨어뜨리고 조직의 유효성까지 저해하기 때문이다. 어느 조직이든 대단한 권위의식으로 구성원들을 복종하게 만드는 리더들이 있다. 어느 조직이나 이러한 권위주의에 사로잡혀 구성원들을 단순히 목적 달성의 수단으로만 여기는 리더들이 존재한다. 문제는 그러한 리더들이 권위주의의 폐해를 잘 모르고 있다는 사실이다. 심지어는 자신이 조직을 끌고 가는 스타일이 성과를 극대화하는 데 최고의 수단이라고 착각하고 있다는 사실이다. 조직구성원들의 자기효능감, 즉 일을 해낼 수 있다는 확신에 찬 의지마저 꺾어버리는 최악의 결과를 가져올 수 있다는 사실을 잘 모르고 있다.

"구성원의 잠재 역량을 알아차리고 최대한 발휘하도록 이끄는 리더"

반면 조직관리 효능감이 높은 리더들은 조직구성원들의 힘을 결집하고 조직 운영을 성공적으로 이끈다. 자기효능감이 높은 구성원들이 많은 조직에는 조직관리 효능감이 높은 리더가 반드시 존재한다. 문재인 대통령의 권위주의 철폐 리더십이 화제다. 어쩌면 요즘에는 당연한 것인지도 모를 그러한 리더십에 국민들은 많은 찬사를 보내고 있다. 얼마나 국민들이 소통, 그리고 수평적 리더십에 목말라 했는지에 대한 방증이기도 할 것이다.

조직의 구성원들은 자신이 속한 조직을 그림으로 그려보라고 하면 대부분 피라미드 형태를 그린다고 한다. 그만큼 피라미드형 조직은 오래도록 모두에게 당연하고 익숙한 보편적인 조직의 모습이다. 피라미드형 조직은 전형적인 관료주의 형태이다. 이 같은 관료주의 형태가 조직구성원들의 자기효능감을 떨어뜨리고 조직의 유효성을 극대화하는 데 큰 장애 요인으로 작용하고 있다는 게 문제다. 새로 취임한 대통령이 관료 사회의 권위주의 타파를 주창한 것도, 정부 조직의 효율성을 떨어뜨리는 주범이 관료들의 권위의식이라고 파악했기 때문이다. 나아가 권위의식에 사로잡힌 관료 사회의 모든 피해는 국가 구성원인 국민에게 고스란히 돌아간다고 본 것이다.

　뉴욕타임스는 혁신의 메카인 실리콘밸리 성공 기업들의 규모가 커지면서 각 기업들이 관료주의에 빠지게 될 수 있다는 우려의 목소리를 내놓기도 했다. 일의 속도가 느려질 뿐 아니라 창의성과 혁신성이 위축되어 조직 발전을 저해할 수 있다는 우려였다. 관료주의의 폐해를 알기 위해서는 글로벌 드러커 포럼(Global Drucker Forum)에서 논의된 바 있는 '관료제 기반 조직 운영 방식의 한계'에 주목할 필요가 있다. 당시 게리 하멜 교수는 관료주의의 부정적 현상으로 다음과 같은 사항을 꼽았다. 첫 번째는 권력이 상층부에 집중되어 있어, 최고 경영층이 고객과 환경 변화에 동떨어진 전략을 수립한다는 것이다. 두 번째는 조직의 규칙들이 구성원들의 자율적인 재량권을 제한한다는 것이다. 세 번째는 구성원들이 일에 열정을 갖고 성취감을 느끼기보다 승진 경쟁에 매몰될 수 있고 넷째로 일은 리더로부터 할당되기 때문에 구성원이 스스로 주도해 일하기보다 수동적이 되어간다는 사실이다.

"리더의 조직관리 효능감은 구성원의 자기효능감을 바탕에 둔 것이어야 한다"

이 책은 조직구성원의 자기효능감을 떨어뜨려 조직의 유효성을 저해하는 관료주의를 타파하기 위한 리더의 역할을 말하는 책이 아니다. 권위주의 탈피를 전제로 한 리더들이 조직구성원들의 자기효능감을 끌어올리려면 어떻게 해야 할 것인가? 이 질문에 대해 돌아보고 고민하는 책이다.

자기효능감이 높은 사람은 진취적이고 일에 대해 열정적이며 매사에 긍정적이다. 따라서 실패했을 때 회복력도 빠르다. 무엇보다 자신의 능력에 대한 신념과 성취에 대한 확신이 강하다. 또한 자기효능감이 강한 사람은 효율성에 대한 기대가 크다. 자기 일에 대한 효율성의 확신은 능력에 대한 신념을 가져오고, 나아가 큰 성취로 이어지는 것이다. 조직관리 효능감이 뛰어난 리더 또한 자신이 맡은 조직을 성공으로 이끌 수 있다는 확신이 강하다. 이러한 조직구성원의 높은 자기효능감이 효과를 거두려면, 구성원에 대한 배려와 섬김을 기본으로 한 신뢰가 리더의 밑바탕에 깔려 있어야 한다.

아무리 조직관리 효능감이 뛰어난 리더라 해도 구성원과의 사이에 신뢰가 부족하면 그 리더의 조직관리 효능감은 빛을 발할 수 없다.

리더의 높은 효능감이 조직의 유효성을 더 확장하는 이유는, 그러한 리더라면 자신의 능력에 대한 신념, 확신뿐 아니라 구성원들의 능력에 대한 믿음도 강하기 때문이다. 조직을 이끄는 리더들은, 구성원들의 능력에 대한 확신을 표명하는 행동 등이 구성원의 자신의 일에 대한 효율성의 확신을 끌어올릴 수 있다는 사실을 알아야 한다. 그것이 곧 구성원의 자기효능감, 조직의 집단효능감을 최상으로 끌어올릴 수 있기 때문이다.

이 책이 조직을 이끌어가는 최고 경영자부터 임원, 단위 조직의 모든 리더뿐 아니라 예비 리더들에게도 좋은 길잡이가 되길 바란다. 조직을 성공으로 이끄는 주요 요인인 자기효능감, 그리고 리더의 조직관리 효능감을 높이는 견인차 역할을 기대한다.

2018년 5월
저자

차 례

04 구성원의 자기효능감을 바탕으로 리더의 조직관리 효능감을 키워라

PART
01

자기효능감 높은 사람
이런 점이 다르다

01

자기효능감이란
무엇인가

Bandura(1997)는 자기효능감을 성취하고자 하는 수행 수준에 도달할 수 있는 자신의 능력에 대해 한 사람이 가지고 있는 확신이라고 정의한다. 즉 개인의 자신에 대한 신념은 행동에 영향을 미치고, 자신이 얼마나 잘할 수 있다고 생각하느냐에 따라 행동 수준이 결정된다고 보았다. 자신의 능력을 어떻게 판단하고 효율성에 대한 자기 지각을 어떻게 하느냐의 여부가 동기와 행동에 영향을 미친다는 것이다. 자신의 능력에 대한 신념과 확신에 따라 목표에 대한 성취도가 일정 부분 상관관계가 있고 달라진다는 시각이다.

자기효능감은 우선, 주위 사람들의 칭찬과 격려에 의해 생성될 수 있다. 처음 기업에 입사했을 때 영업 본부에 근무하게 되었다. 영업 본부에서 하는 일은 판매 기획과 판매 전략 수립, 영업 현장에 대한 교육 등이었다. 이제 갓 입사한 내가 판매 기획을 수립하고 판매 전략을 수립하기란, 엄두가 나지 않았다.

그런데 문득 머리를 스치는 생각이 있었다. 판매는 각 지점에서 영업직원들에 의해 이루어진다는 것이다. 현장이 궁금했다. 먼저 지점에 나가 직원들과 술잔을 기울이며 허심탄회하게 얘기를 들었다. 생각했던 영업 현장이 아니었다. 업무과 직원들은 그들 나름대로 영업직원들은 그들 나름대로 불만이 이만저만이 아니었다. 그 중에서도 영업직원들의 불만은 최고조에 달해 있었다. 가장 큰 불만은 업무과 직원들이 본인들만 직원들인 양 행세하고 매번 생색을 낸다는 것이었다. 그러다 보니 영업직원들의 피해의식은 대단했고 사기는 완전 밑바닥이었다. 실상 파악을 위해 몇 개 지점 직원들과 더 얘기를 나눠 봤다. 마찬가지였다.

본사에 돌아와 간단히 구두 보고를 하고 영업현장 분위기 쇄신을 위한 작업에 들어갔다. 먼저 현상파악을 위한 설문을 만들어 전 지점에 뿌렸다. 설문을 회수하고 분석을 해보니 처음 몇 개 지점에서 들었던 얘기보다 훨씬 심각한 상황이었다. 분석을 통한 대책 수립이 시작되었다. 논문 형식의 보고서로 하기로 하고 제목은 "점소분위기 활성화 방안"으로 정했다. 보고서가 완성되어 나온 뒤 현장의 지점장들에게 보고서 내용을 브리핑했다. 반응은 대단했다. 현장의 문제점들이 너무도 적나라하게 드러나 있었으니까.

놀라운 반응은 문제를 알면서도 적극적으로 대처하지 않았다는 자책감으로 이어졌다. 영업 본부장을 비롯한 영업 본부 중역들의 점소 분위기 활성화를 위한 관심이 높아진 것은 말할 나위도 없었다. 지점장들이 각 지점의 실정에 맞는 활성화 방안을 찾아 동분서주 바쁘게 움직인 건 당연한 결과였다.

이런 작은 성공경험으로 서두를 여는 이유는, 나 자신의 자기효능감부터 돌아보기 위해서이다.

초등학교 때 집에는 교과서 외에 다른 책이 별로 없었다. 그래서 학교가면 교실 뒤에 꽂혀 있던 책을 읽는 게 너무 좋았다. 또한 글짓기 시간이 가장 즐거웠던 기억으로 남아 있다. 교내 글짓기 대회에서 상을 받고 전교생이 모인 운동장에서 앞에 나가 내가 쓴 글을 발표했을 때, 선생님, 그리고 모든 친구들이 쳐주던 박수소리는 지금도 귀에 생생하다. 내가 쓴 글을 보신 선생님들께 들었던 칭찬들도 아직 귓가를 맴돈다. 그때 고사리 같은 손으로 쳐주었던 친구들의 박수소리, 그때 들었던 선생님들의 칭찬이 지금 이 책을 쓰는 용기를 주지 않았나 싶다. 신입사원 시절 겁 없이 영업 현장의 분위기를 바꿔보겠다고 덤벼들었던 용기도, 보고서를 포함한 글이라면 남보다 조금은 더 잘 쓸 수 있다는 확신이 있었기 때문에 가능했다. 이처럼 나의 자기효능감 중 하나는 글을 써서 다른 이들의 마음을 움직이고, 감동을 주고, 그렇게 조그마한 변화를 이끌고 행복감을 전하고 싶은 것이다.

누구에게나 자기효능감은 있다. 효능감의 분야 또한 무척 다양하지만 자기효능감이 강한 사람들에게는 공통점이 있다. 자기 동기력이 강하고 쉽게 포기 하지 않는다는 점이다. 특히 분야에서 큰 두각을 드러내는 운동선수에게서는 운동선수로서의 효능감이 중요하다. 리우 올림픽에서 극적으로 금메달을 딴 진종오 선수가 결승에서 6.5점을 쐈을 때 감독은 물론 모든 국민들의 입에서는 탄식이 새어 나왔다. 그런데 막상 당사자인 진종오 선수는 너무나 침착했다. 그리고 결국은 금메달을 목에 걸었다. 그 침착함은 어디에서 나오는 걸까? 물론 올림픽에서 두 번의 금메달을 딴 저력도 큰 힘이 됐겠지만, 가장 큰 힘은 자신의 능력을 믿는 자기효능감이었다. 6.5점이라는 점수를 절대적인 자기 실력에서 나온 결과라고 믿은 게 아니라, 잠깐 실수일 뿐이라 여기고 남은 경기에 집중한 것이다.

리우 올림픽에서 손가락 부상을 딛고 금메달을 딴 골프의 박인비 선수도 마찬가지다. 손가락에 전해오는 통증을 3라운드 내내 견디며 경기에 몰입할 수 있었던 까닭은 무엇이었을까. 국가 대표 선수로서의 책임감, 애국심이 없었으면 절대 불가능했겠지만, 그 저변에는 또한 스스로에게 동기와 에너지를 부여하는 힘, 즉 자기 동기력이 있기 때문에 가능했다고 생각한다. 또한 목표를 향해 끈기 있게 전진할 수 있도록 스스로를 조절하는 힘, 즉 자기 조절력 덕분에 가능했다.

두 선수 모두 자기효능감이 매우 뛰어나고, 능력에 대한 확신이 매우 강한 선수들이다. 자기효능감의 근간인 자기 동기력과 자기 조절력이 대단하다. 역경과 어려움을 오히려 도약의 발판으로 삼는 회복탄력성(Resilience)과, 목표를 향해 불굴의 의지로 끊임없이 도전하는 끈기가 있었기 때문이다.

이렇듯 자신의 능력에 대한 확신을 주는 자기효능감은 어떻게 생성되는 것일까? 무엇보다, 수많은 어려움을 거듭 극복하고 크고 작은 성공의 경험을 여러 차례 맛보며 생성된 것이다. 외팅겐 펜실베니아대학교수 등의 연구에 따르면, 뛰어난 성취를 이룬 사람들은 자신이 원하는 미래와 자신이 처한 현실의 격차를 분명히 인식하고 있다고 한다. 또한 그 격차를 줄이기 위해 집중하는 습관을 지니고 있다. 이들은 자신이 목표를 이루었을 때의 긍정적인 결과를 생생히 그리는 동시에, 목표를 이루기 위해 넘어서야 할 장애와 어려움에 대해서도 분명히 인식하고 있다. 그리고 그 장애와 어려움을 반드시 극복해 낼 수 있다는 자신감을 가지고 있다. 지금의 실패는 자신의 능력 부족이 아니고 일시적인 실수로 가볍게 받아들이는 경향이 강하다고 보고되어지고 있다.

이 같은 자신의 능력에 대한 확신은 노력의 결과이기도 하지만 주위 사람들의 큰 격려 또한 성공을 부르는 자기효능감 생성에 밑거름이 된다. 어릴 때는 부모님과 선생님, 성장하면서는 주위 친구들, 그리고 사회에 발을 내딛으면서는 함께 일하는 상사나 동료들이 그 동력이다. 그렇다면 지금 나는 주위 사람들의 자기효능감을 성장시키는 사람인가, 떨어뜨리는 사람인가?

02

자기효능감이 강한 사람은
매사에 긍정적이다

　자기효능감이 높은 사람은 진취적이고 일에 대해 열정적이며 매사에 긍정적이다. 요즘 많은 기업들이 살아남기 위해 혁신을 부르짖고 있다. 혁신에 있어서도 기업가의 긍정적인 사고가 무엇보다 중요한데, 그러한 기업가들은 대부분 자기효능감이 높다.

　현대건설은 1975년 중동 진출 이후 1979년까지, 무려 51억 6400만 달러를 벌어들였다. 정주영 회장이 당시 박정희 대통령에게 했다는 말은 신화처럼 전해진다. '리스크를 기꺼이 짊어지는 긍정적 사고'가 바로 혁신이었음을 웅변하는 말이다.

　"중동은 1년 내내 비가 안 오니까 쉬지 않고 일해 공사기간을 단축할 수 있습니다. 낮에는 더우니까 자고 공사는 밤에 하면 됩니다. 공사할 땐 모래가 있어야 콘크리트 시멘트를 만드는데, 지천으로 깔린 게 모래니 좋고 물은 유조선을 만들어 빈 탱크에 가득 실어 나르고, 돌아올 때는 석유를 담으면 됩니다."

이 같은 정주영 회장의 긍정적 사고가 오늘날의 현대를 세웠고 사실상 부도 상태였던 국가를 위기에서 구할 수 있었던 것이다.

긍정적 사고로 일하는 습관이 자기효능감을 생성한다. 현장에서 뛰는 영업맨들도 긍정적인 사고를 지닌 직원일수록 고객과 유대도 좋고 당연히 실적도 좋다. 본사에 근무하다 처음 지점에서 근무하게 되었을 때 업무과 및 현장 영업직원 관리가 주 업무였다. 처음 지점에 나간 당시 유난히 눈에 띄는 직원이 있었다. 그 직원은 약간 말을 더듬었다. 신입사원 때는 업체 방문 시 말도 못 붙이고 되돌아 온 때가 부지기수였다고 한다.

그러기를 수차례 반복하던 어떤 업체에서 그가 그날도 말을 더듬다 되돌아 나오려고 하는데, 여직원이 "사장님께서 한번 보자고 하신다"라고 했다. 수차례 그냥 돌아가기만 하는 그 직원에 관한 얘기를 전해들은 사장이, 다음에 찾아오면 한번 만나겠다고 미리 얘기해두었던 터였다. 그 직원은 술자리에서 그때 심정을 나에게 얘기해주었다. 계속 업체를 방문하다 보면 언젠가는 말을 더듬지 않고 얘기할 수 있을 때가 오리라 생각했다는 것이다. 그런데 말문이 트이기 전 뜻밖의 행운이 먼저 찾아왔던 것이다. 그 거래처 사장이 자초지종 얘기를 듣고, 바로 그날 차량 3대를 계약해주었다고 한다. 뿐만 아니라 동종업계 다른 업체 사장들도 많이 소개를 시켜주었고, 마침내 그 직원은 서울 시내 청소차 최고 판매왕 자리에 오를 수 있었다고 한다.

만일 그때, 열심히 반복하다 보면 반드시 할 수 있다는 긍정적 사고가 그 직원에게 없었다면 과연 어떻게 판매왕 자리에 오를 수 있었을까?

자기효능감이 강한 사람은 열정적이고 목표의식이 강하다.

그 직원은 급여 봉투를 항상 호주머니에 넣고 다녔다. 당시에는 전자급여 체계가 아니었기 때문에 봉투에 총 급여가 기재되어 있었다. 그는 평균 700여만 원이 웃도는 금액이 찍힌 급여봉투를 자랑스럽게 호주머니에 넣고 다녔다. 1990년대 월 700만원 이상인 급여는 당시 지점장이 받던 급여보다 훨씬 큰 액수였다. 그러니 물론 자랑스럽게 호주머니에 넣고 다닐 만도 했다.

그런데 그 직원은 목적이 달랐다. 지점에서 가까운 곳에 시중 대형은행 지점이 있었다. 그 창구에는 항상 밝게 미소 짓는 여직원이 앉아 있었다. 그 직원은 그 여직원에게 마음이 있어 그 은행을 거래했는데, 예금할 때마다 그 여직원이 앉아 있는 창구를 이용했다. 다른 창구가 비었어도 기다리다 이용한 것이다. 그 여직원은 매달 급여일에 큰 액수의 금액을 예금하는 그가 궁금해 무슨 일을 하냐고 물었다고 한다. 그렇게 점점 둘은 친근해지고 데이트도 하면서 점점 더 가까워지게 되었다. 데이트할 때 호주머니에 넣고 다니던 급여봉투를 보여주는 것은 당연했다. 모르긴 해도 이렇게 고백하지 않았을까? "평생 사랑하고 행복하게 해주겠다. 돈 많이 벌어 빨리 집도 사고 아이도 셋쯤 낳아 알콩달콩 살자." 그렇게 두 사람은 결혼까지 성공하게 되었다. 여직원의 마음을 움직이게 된 계기는 그 직원이 일에 있어서나 사랑에 있어서나 긍정적인 사고뿐만 아니라 열정적인 자세와 확실한 목표의식으로 최선을 다한 모습도 한몫했을 것이다.

그렇게 많은 판매량 달성, 높은 급여, 바라던 사람과 마지막에 결혼까지 성공. 이 모두 매사에 할 수 있다는 긍정적 사고 덕분에 가능했다. 자신이 설정한 목표에 도달할 수 있다는 능력에 대한 신념, 즉 자기효능감 때문에 가능했던 것이다.

자기효능감을 높이려면 자신의 존재와 행동을 가치 있는 것으로 받아들여야 한다.

실패했을 때 다시 일어설 수 있는 강한 회복탄력성을 길러주는 것 또한 긍정적 정서다. 긍정적 정서는 불가능을 가능하게 한다. 부정적인 상황을 역발상으로 좋은 상황으로 변화시킨다. 될 때까지 밀고 갈 수 있는 힘도 긍정적 정서다. 할 수 있다는 긍정적인 마음은 자신감을 갖게 한다. 할 수 있다는 긍정적인 마음은 어려운 목표에 도전할 힘을 길러준다.

일반적으로 자기효능감이 높을수록 긍정적인 정서를, 반면 자기효능감이 낮을수록 부정적인 정서를 경험하는 것으로 나타난다. 그리고 자기효능감의 변인으로는 자기 확신감을 든다. 즉, 자기효능감이 자기 확신감을 결정하고, 이것이 자기에 대한 긍정적 정서를 결정한다. 자신을 가치 있는 존재로 받아들일 때 자기효능감을 높일 수 있는데, 그러려면 자신의 존재와 행동을 유목적적으로 받아들여야 한다. 결국 현재 자기가 하고 있는 일과 현실에 대해 가치를 부여하는 게 자기효능감을 높이는 지름길이다.

긍정적 정서를 키운다는 것은 곧 스스로 행복해짐으로써 자기통제력을 높이고, 자신의 행복을 타인에게 나눠줌으로써 대인관계 능력까지 향상시킨다는 의미다. 이렇게 뇌를 긍정적으로 바꾸려면 세 가지 훈련법이 있다고 한다. 첫째는 자신과 타인의 강점을 보는 것, 둘째는 심장박동수를 가장 이상적으로 유지시켜주는 감사하는 마음, 셋째는 뇌를 행복하게 하고 머리를 좋게 만드는 규칙적인 운동이라고 한다. 현재 처한 현실에 감사하고, 항상 자신의 강점을 통해 일에 대한 자신감을 키워가며, 열정을 안고 일할 수 있도록 몸을 건강하게 하는 꾸준한 운동 또한 필수라 하겠다.

03

자기효능감이 높은 사람은
자신의 능력에 대한 신념이 강하다

　자기효능감이 높고 일에 대한 성취력이 높은 사람들의 특징은
자신의 능력에 대한 신념이 강하다는 공통점이 있다. 다시 말해 자
신의 능력으로 어떤 일을 이루어낼 수 있다는 사실을 굳게 믿는 것
이다. 이 능력이란 모든 면에서 뛰어난 재능을 일컫는 말이 아니
다. 인류 역사를 돌이켜 보면 훌륭한 업적을 남긴 사람들은 자신의
강점을 알고 그에 집중한 사람들이다. 그 강점을 끝까지 밀고 나간
사람들이다.

　경북대학교 학생생활연구소에서 연구한 결과에 따르면 대학생
의 학업 성적에 대한 자아개념, 즉 신념이, 학업성적 상위집단 학
생들이 하위집단 학생들보다 훨씬 더 높게 나타났다. 즉, 성적 상
위집단 학생이 하위집단 학생보다 학습동기가 더 높게 나타났는

데, 이는 자신의 학업 성취에 대한 신념이 더 높기 때문인 듯하다.

성서 마태복음 14장 26절은 다음과 같이 기록한다.

"예수께서 바다 위로 걸어 오시는 것을 보고 제자들이 겁에 질려서 유령이다" 하였다. 예수는 그를 유령으로 착각한 제자들에게 "안심하라 나다. 두려워하지 말아라"라고 말한다. 여기서 베드로가 예수를 시험한다. "주님, 주님이시면 저에게 물위로 걸어서 주님께로 오라고 명령하십시오." 예수는 베드로에게 "내게 오라"라고 말한다. 베드로는 배 위에서 내려 물위로 걸어 예수께로 갔다. 그러나 베드로는 거센 바람이 불어오자 두려움에 사로잡혀 물에 빠지고 말았다.

파도가 무서운 게 아니라, 파도를 보고 무서워하는 마음이 베드로를 바다에 빠지게 했다. 물에 빠진 베드로에게 예수께서 손을 내밀어서 베드로를 붙잡고 "믿음이 적은 사람아, 왜 의심하였느냐? 라고 꾸짖는다. 믿음이란 무엇인가? 신념이란 무엇인가? 믿음 곧 신념이란 자신의 사명, 자기에 주어진 능력을 깨닫고 어떤 시련이나 유혹이라도 그것을 이루어낼 수 있다는 확신이다. 자신이 추구하는 최선의 삶이 정해졌을 때 최고의 선은 자신의 능력에 대한 확신을 가지고 집중하는 것이다.

믿음은 짧은 인생을 사는 우리가 삶의 중요한 것을 헤아려 아는 능력이다. 거기에 우선순위를 매겨 목숨처럼 지키고 이루어내려하고, 이룰 수 있다고 믿는 것이 곧 신념이다.

자기효능감이 강한 사람들은 자신의 능력에 대한 신념이 매우 강하다. 자기가 정한 목표를 이루어 낼 수 있다고 믿는 신념, 이는 곧 자신의 능력에 대한 신념에서 나온다. 사람들은 누구나 유능하길 바라며, 환경과의 효과적인 상호작용을 통해 자신이 지닌 기술과 역량, 재능 그리고 잠재력까지도 향상되길 바란다. 직장에서는 물론 대인관계 및 다양한 여가활동에 이르기까지 삶의 모든 측면에 영향을 미치는 부분이다. 특히 학업에 전념해야 하는 청소년들의 경우, 보다 긍정적인 자기효능감을 지닐수록 뛰어난 학업성취를 보인다. 자기효능감이 학업성취와 밀접한 관련을 맺는, 강력한 동기인 셈이다. 청소년들의 이러한 자기효능감은 어릴 때부터 겪는 부모, 선생님과의 관계, 친구들과의 관계에서 형성될 수 있으므로 각별한 관심이 필요하다.

자기효능감은 자신을 둘러싼 환경을 효과적으로 다룰 수 있다고 지각하는 것을 의미한다. 따라서 지적 능력뿐 아니라 직장에서 일에 대한 신념과 밀접한 관련을 맺는다. 상사와, 동료의 지지와 격려가 자기효능감을 높인다.

필자가 영업현장의 지점장으로 근무할 때 같이 근무하던 직원에 관한 얘기다. 항상 자신감 넘치는 직원이었다. 자신의 실적에 대한 향상성을 굳게 믿고 있는 직원이었다. 지점 실적이 목표 달성에 조금 부족한 달이 있었는데, 그 직원은 그때도 이미 목표를 초과 달성하고 있었다. 월말이 되자 그 직원은 목표 달성에 부족한 실적을 조용히 채워주었다. 실적이 부진한 직원들은 당월 목표달성 차질은 물론 다음 달 실적을 미리 걱정한다. 그러나 그 직원은 다음 달 실적을 걱정하지 않는다. 영업은 샘물과 같다고 스스로 얘기하곤 했다. 바짝 끌어내면 또 샘물처럼 솟아나는 것이 영업 실적이라고 말이다.

그와 같은 자신감은 어디에서 비롯되는가? 그 또한 자신의 자기효능감을 굳게 믿는 데서 비롯했음을 알 수 있었다. 그는 자신의 능력에 대해 신념이 있었다. 능력에 대한 신념은 오랜 시간을 두고 형성되어온 것이었다. 어느 순간 그 직원이 목표를 달성했을 때 그 직원에게 칭찬과 아울러 무한한 지지를 보내준 동료들과 상사가 존재했을 것이다. 그에 보답하기 위해, 또 자신이 쌓아온 탑을 무너뜨리지 않기 위해 부단히 노력해온 결과, 그 직원은 든든한 자기효능감을 형성하게 된 것이다. 그는 자신의 영업실적에 대한 향상성은 물론이고 대인관계, 특히 대 고객관계의 질에 대해 신념이 확실했다. 바로 그런 부분이 다음 달을 걱정하지 않는, 영업은 샘물과 같다는 자신감으로 드러난 것이다.

이 같이 자신의 능력에 대한 신념이 높은 사람들에게도 공통점이 있다. 그 신념을 갖기까지 부단히 노력해왔다는 것이고, 난관을 극복하고 능력을 증진하려는 수단으로 노력에 가치를 둔다는 것이다. 또 중요한 것은 자신의 노력이 결코 헛되지 않으리라는 확신이 지속적인 노력과 도전을 하게 만드는 힘의 원천이라는 점이다. 이 같은 확신과 믿음에는 본인의 노력도 중요하지만 주위의 격려와 지지가 무엇보다 중요하다.

위에서 언급했던 그 직원이 자신의 능력에 대해 굳건히 확신하고 신념을 갖게 되기까지는 그의 능력을 믿고 말없이 지지하고 격려해준, 그를 거쳐 간 상사들, 동료들, 선후배들이 있었다. 당장 눈앞에 보이는 실적에 급급한 직원들은 다음 달, 미래를 생각할 겨를이 없다. 그동안 쌓아온 축대가 약해서 그 축대를 지탱하느라 에너지를 소비하고 있기 때문이다. 따라서 직장의 리더들은 조직의 성과를 높이려면 그 직원들의 축대가 견고해지도록 끊임없이 교육하고, 지원하고, 지지해주고, 격려하는 노력이 필요하다. 넘어질 때는 같이 아파하고 상처를 어루만져, 그 상처가 나을 때까지 지속적인 관심을 보이고 배려하는 과정 또한 매우 중요하다.

자기효능감이 높은 구성원들도 때론 상처를 받는다.

그들도 인간이다. 그러므로 때론 슬럼프에 빠지기도 하고 작은 일에 상처를 받기도 한다. 자기효능감이 높은 만큼 자존심도 매우 강하다. 직장에서는 자기효능감이 높은 구성원들이 높은 성과를 나타내는 경우가 많아, 조직을 발전시키고 유지시켜 나가는 큰 힘의 원천임에 틀림없다. 그러나 때로 그 직원들이 슬럼프에 빠질 때, 애정으로 묵묵히 기다려주는 과정도 필요하다. 마음이 급한 리더들은 성과가 빨리 도출될 수 있는 구성원들에 대한 기대가 어쩔 수 없이 크게 마련이다. 그래서 때론 그러한 구성원들에게 과중한 부담을 안기기도 한다.

"이봐, 김 과장. 실적이 부족한데 자네가 더 해줘야겠어. 월요일까지 추가로 해주길 바라네." 말이 부탁이지 사실은 명령이나 다름없다. 이렇게 되면 더 열심히 하고 싶어도 의욕이 떨어지기 마련이다.

대체로 자기효능감이 높은 구성원들은 자율성이 강하다. 일을 시켜서 하는 스타일이 아니다. 말하지 않아도 눈빛, 가슴으로 오가는 감정의 교류가 어떤 말보다도 큰 힘이 될 때가 있다. 이럴 때 그러한 구성원이 스스로 알아서 일하도록 조용히 기다려주고, 지원할 수 있는 부분을 찾아 도움을 주는 게 바람직하다. 리더는 그 관심을 성과가 좋지 않은 구성원에게 베풀어야 한다. 성과가 좋지 않은 구성원들에게도 채찍과 아울러, 앞에서 이끌고 힘들 때 뒤에서 밀어주고 격려하며, 자기효능감이 높은 구성원으로 육성해가는 리더의 노력이 필요하다. 그래야 모든 구성원이 조직의 유효성 증대에 기여할 수 있고 그 조직의 리더도 여유롭게 조직을 이끌어갈 수 있게 된다. 이런 과정을 통해 조직구성원들이 받는 스트레스도 줄어들고 조직에 몰입할 수 있어, 조직 분위기 활성화에 큰 도움이 될 것이다.

04

자기효능감이 높은 사람은
일의 성취에 대한 확신이 강하다

인간의 능력은 두 가지 차원으로 구성된다. 하나는 인지능력이다. 지능 또는 재능이라고도 하며, 인지능력이 높으면 '똑똑하다, 머리가 좋다'라는 평가를 받는다. 다른 하나는 비인지 능력이다. 끈기와 열정, 집념, 도전정신, 회복 탄력성 등이 이에 해당한다. 비인지 능력이 높으면 '열정적이다, 끈기 있다, 참을성이 있다, 침착하다, 자신감이 충만하다, 집념이 강하다'라는 평가를 받는다.

각자의 분야에서 뛰어난 업적을 이룬 학자, 기업인, 예술가, 운동선수들의 공통점은 바로 높은 성취력이다. 그런데 성취력은 인지 능력보다는 비인지 능력에 의해 훨씬 크게 좌우된다. 비인지 능력은 한마디로 꾸준히 노력할 수 있는 힘이다. 그 힘은 어디에서 오는가? 꾸준히 노력하면 목표에 도달할 수 있다는 확신에서 온다.

성취력을 높이려면 좌절하지 않고 꾸준히 노력할 근력을 키워야한다.

성취력을 높이려면 우선적으로 필요한 비인지 능력 중에서도 그릿(Grit)이 가장 중요하다. 자신이 세운 목표를 위해 꾸준히 노력할 수 있는 근력을 의미하는 단어이다. 목표를 위해 열정을 갖고 온갖 어려움을 극복하며 지속적으로 노력을 기울이는 마음의 근력이다. 이는 자신이 하고 있는 일의 성취에 대한 확신에서 나온다. 이러한 확신은 하루아침에 이루어지는 것이 아니라 수많은 시행착오를 거치며 도전하는 가운데 자연적으로 형성된다. 바로 자기효능감이다.

영업현장의 성과도 하루아침에 이루어지지 않는다. 처음 영업을 시작할 때는, 고객의 거절로부터 시작해서 그 뒤로도 수없이 몸으로 겪어야 하는 쓰라린 경험이 연속된다. 어느 정도 고객과 대화할 수 있게 되고 상담 능력이 높아져도 성과로 바로 쉽게 이어지지는 않는 게 영업 현실이다.

영업 현장에서 함께 일하다 보면, 어떤 직원의 일에 대한 근력을 알아차리는 데는 오랜 시간이 걸리지 않는다. 어느 직원은 하나를 가르치면 세 개를 할 수 있다. 반면 어느 직원은 하나를 가르쳐도 그 하나마저 제대로 행하지 못하고 원점으로 돌아가버린다. 왜일까? 근력이 부족해서다. 그 근력은 하루아침에 형성되지 않기 때문에, 리더도 구성원의 근력을 키우려면 인내심이 필요하다. 리더는 구성원의 근력을 키우기 위해 작은 일부터 이루어가는 훈련을 지속적으로 시행해야 한다. 그래서 점점 큰일을 할 수 있는 단계까지 이끌어 주어야 한다.

　그릿(Grit), 즉 일을 포기하지 않고 끝까지 행할 수 있는 근력은 자기효능감의 원천이다. 자기효능감의 원천인 그릿(Grit)은 스스로에게 동기와 에너지를 부여하는 힘이다. '자기 동기력'과, 목표를 향해 끈기 있게 전진하도록 스스로를 조절하는 힘인 '자기조절력'으로 구성된다. 자기 동기력은 스스로 노력하면 더 잘할 수 있으리라는 능력 성장의 믿음과, 하는 일 자체가 재미있고 좋아서 하는 내재동기(Intrinstic Motivation)가 있어야 생겨난다. 자기 조절력은 역경과 어려움을 오히려 도약의 발판으로 삼는 회복 탄력성(Resilience)과, 목표를 향해 불굴의 의지로 끊임없이 도전하는 끈기가 있어야 생겨난다. 그릿(Grit)은 자기 동기력에서 시작해서 자기 조절력으로 완성되며, 그것을 발휘해야 구체적인 성취를 이뤄갈 수 있다.

　지능이나 재능은 일종의 잠재력이며, 이를 발휘하도록 하는 힘이 바로 그릿(Grit)이다. 그 그릿(Grit)이 결국은 자기효능감을 형성해 일의 성취에 대한 확신과 신념을 심어준다. 그릿(Grit), 즉 자신이 세운 목표를 향해 끊임없이 지속할 수 있는 힘은 하루아침에 형성되지 않는다. 일을 하면서 넘어지기도 하고 좌절도 경험하면서 또 일어서기를 반복하는 동안, 자기도 모르게 서서히 형성되는 것이 바로 그릿이다. 그 그릿이 결국에는 높은 자기효능감을 형성한다. 자기효능감은 어떠한 어려운 난관에도 자신을 믿고 끝까지 끌고 갈 수 있는 힘의 원천이다.

자기효능감이 높은 사람은 일의 성취에 대한 확신이 강하다. 성취동기가 높은 사람은 외형적인 보상보다는, 성취를 이루기 위해 스스로 즐기는 모험을 더 중시한다. 강한 자신감과 열정으로 노력하여 결과를 지속해 나가려는 성향이 매우 강하다. 반면 성취동기가 낮은 사람은 미래의 성취보다는 지금 현재 진행하는 일에 만족해 안주하려는 성향이 강하다. 즉, 성취동기가 높은 사람은 단순하면서 반복적인 일에는 별다른 관심을 보이지 않는다. 반면 어떤 일에 실패하거나 진행이 원만하게 되지 않아도, 결코 포기하거나 도전을 멈추지 않는다. 자기효능감이 높은 사람은 일의 성취에 대한 확신이 강하기 때문에 능력을 최대한 발휘해야 되는 힘든 일에도 기꺼이 열정과 시간을 투자한다. 그래서 자신이 성취를 이루기 위해 정한 목표에 대해서는 즐거운 마음으로 왕성한 활동을 하는 특성을 지닌다.

이렇듯 자기효능감이 높은 사람은 일의 성취에 대한 확신이 강해, 정리하면 다음과 같은 특성을 지닌다.

첫째, 과업 지향성이다. 과업 지향적인 사람은 보상보다 그 일이

주는 가치에 기준을 둔다. 자신이 가진 능력을 타인에게 과시하는데 흥미를 느끼고 매진하는 데 관심을 갖는 경향이 있다. 둘째, 새롭고 모험적인 일을 통해 자신의 능력을 타인에게 과시할 수 있는 일에 도전하기를 좋아한다. 셋째, 자신이 수집한 정보 분석을 바탕으로, 자신감을 가지고 그 일을 이루어낸다. 넷째, 어떤 과제를 진행함에 있어 새롭고 가치 있는 일에 도전적이며, 그러한 일에 의욕을 보이는 경향이 강하다. 다섯째, 어떤 과제를 진행하면서 결과가 실패로 끝날 때 그 책임을 타인보다는 자신에게서 원인을 찾으려는 경향이 강하다. 그래서 그 과정에서 일어난 실패의 원인을 성취를 이루는 디딤돌로 삼는다. 여섯째, 일의 결과를 떠나 일을 처리하면서 얻는 정보를 토대로 또 다른 성과를 얻고자 노력한다. 일곱째, 철저한 준비를 통한 현재의 과제 이행이 미래의 성취를 위한 발판이라고 생각한다.

종합해보면 자기효능감, 성취동기가 높은 사람에게는 장애나 큰 걸림돌이 문제가 되지 않는다. 철저한 분석을 통해 도전적이며 미래 지향적인 사고와 행동으로 성취를 이루어내기 때문이다.

그러면 일의 성취에 대한 확신이 약한 구성원들을 어떻게 동기부여해 확신을 높일 수 있을까?

무엇보다 반복적인 성공경험이 중요하다. 성공경험이 적고 실패가 많다 보면 일에 대한 가치를 느낄 여유가 없다. 어느 정도 크고 작은 성공경험이 늘어나면, 점점 더 어려운 과제를 부여해 성취감을 맛보게 해 모험을 즐기도록 해야 한다. 일을 하다가 혹시 실패하게 되면 스스로 생각하고 전략을 짜는 습관을 갖게 하여 해결 능력을 키워주는 것이 무엇보다 중요하다. 성취력이 떨어지는 조직 구성원들은 대부분 정보활용 능력이 부족한 경우가 많다. 성공과 실패를 거듭하다 보면 거기서 얻는 정보를 바탕으로 새로운 전략을 짜내는 능력이 자연히 생성되지만, 미처 알아차리지 못하고 사장(死藏)되는 정보에 대해서는 그 정보를 귀중히 살려내는 결과를 보일 필요가 있다.

물론 모든 조직구성원들이 일의 성취에 대한 확신이 강해 조직에 기여 할 수 있다면 얼마나 좋을까? 그러나 현실은 그렇지 않다. 성취력이 약한 구성원들에 대한 지원, 지도 방향을 실천하는 동안, 그 과정이 일정 궤도에 진입할 때까지는 리더가 끊임없이 관심을 보이고 지원해야 한다. 리더가 중도 포기하고 감정적으로 흐르는 경우 대부분 실패한다. 리더도 사람인지라 기울였던 노력이나 관심만큼 시간이 지나도 결과가 나타나지 않으면 지치고 힘겨워질 때가 있다. 그러나 그 고비를 잘 넘겨야 한다. 조직의 구성원이란 자신이 반복해서 실패했을 때 리더의 인내심을 시험하고 있을지도 모른다.

05

자기효능감이 높은 사람은
일의 효율성에 대한 기대가 크다

자기효능감이 강한 사람은 일의 성취뿐만이 아니라, 효율성에 대해서도 크게 기대한다. 다시 말해 '내가 지금 하고 있는 일은 반드시 성과를 낼 것이다'라고 스스로 생각한다. 이는 곧 일을 이루어내기 위해 지금 자신이 하고 있는 일의 방법과 질에 대한 자기 신뢰이다.

요즘 청년들의 취업문제는 개인 문제를 떠나 사회문제로 대두되었다. 많은 청년들이 대기업병, 공무원병에 걸려 있다. 일단 대기업에 들어가고 공무원이 되면 모든 게 해결되리라 기대한다. 그때부터가 새로운 시작이라는 사실을 그 문제가 해결되고 나서야 느끼게 된다. 결코 안주할 수 없는 현실 앞에서, 심한 경쟁 속에서, 힘들게 이루었던 대기업 입사의 꿈을 접고 또 새로운 도전에 나선다. 어느 자리에 있든 스스로를 믿고, 자신이 하는 일에 대한 효율성을 키워간다면, 그 자리에서 꿈을 실현할 수 있는데도 말이다.

그렇다면 일을 진행하는 본인에 대한 신뢰는 어떻게 형성되는가?

첫째, 그 일에 대한 정보를 많이 가졌을 때 가능하다. 그 정보는 여러 자료를 통해서 얻을 수도 있겠지만, 실제 자기가 부딪히고 경험해서 얻은 정보야말로 강한 신뢰를 준다. 그동안 끈기와 열정, 집념, 도전정신으로 끊임없이 이루어왔던 많은 일들이 자신이 하는 일의 방법과 질에 대한 신뢰로 이어지는 것이다. 그래서 또 목표를 이루고 또 다른 성공을 경험하는 동안 자신의 능력에 대한 확신이 더해져 자기효능감도 더 확대된다.

둘째, 스스로 세운 목표에 대한 성공을 반복할 때 자신이 하는 일의 효율성에 대한 기대가 더욱 커진다. 일에 대한 성공을 반복해 경험하면서 스스로 일의 효율성을 검증한 결과이다. 자신이 하는 일의 효율성에 대해 이보다 더 뚜렷한 확신이 있겠는가?

셋째, 주위 사람들의 인정으로 일에 대한 효율성은 커진다. 그중에서도 직장 상사의 관심은, 직원들이 일에 대한 효율성을 기대하고 확신하는 과정에 지대한 영향을 미친다. 이미 형성된 구성원 직원이 자기효능감을 지킬 수 있도록, 스스로 가지고 있는 일의 효율성에 대한 기대를 꺾지 않도록 유의해야 한다. 칭찬이나 격려보다 더 중요한 부분이다.

CLC(Corporate Leadership Council)가 29개 나라에서 2만 명 이상의 직원들을 대상으로 조사를 실시했다. 조사 결과에 따르면 직원의 강점에 집중하면 향후 업무 성과가 36퍼센트나 개선된다고 한다. 상사는 직원이 성공을 경험할 수 있도록 직원의 강점에 초점을 맞출 필요가 있다. 상사가 직원에게 발전, 성공을 가속화하기 위해 직원의 강점을 어떻게 이용할 것인지 묻기만 해도 직원에게는 큰 힘이 된다고 한다. 상사의 관심이 일의 성공을 가져오는 밑거름이다.

넷째, 약점을 보강하기 위한 상사의 교육, 코칭, 멘토링이다. 상사의 역할은 직원이 업무 성과를 높이고 일의 효율성에 대한 기대에 확신을 가질 수 있도록 꾸준히 돕는 것이다. 뉴욕대학교 스턴 경영대학원 교수인 조너선 헤이트는, 강점을 키우는 활동에 참여한 사람과 약점을 보강하는 활동에 참여한 사람들 사이에 어떤 차이가 있는지를 연구했다. 강점을 키우려고 노력한 이들이나 약점을 없애려고 노력한 이들의 신체적, 정신적, 감정적 건강에는 거의 차이가 없었다.

그가 발견한 유일한 차이점은, 강점을 키운 쪽이 약점을 고친 쪽보다 활동을 더 즐겼다는 점이다. 한 사람의 성공에 지대한 영향을 미치는 약점은 직장에서나 생활 속에서 반드시 보완해가면서 강점은 더욱 공고히 해야 한다는 증거이다.

일에 있어 스트레스를 받지 않고 즐기면서 할 때 정신건강 측면

05 자기효능감이 높은 사람은 일의 효율성에 대한 기대가 크다

에도 훨씬 더 좋다. 즐기며 일할 수 있는 강점을 늘려가는 것이 무엇보다 중요하다. 약점을 장기적으로는 강점으로 수정, 발전해가는 과정에는 물론 본인의 노력이 중요하다. 그러나 못지않게 상사의 적절한 코칭, 지원, 격려도 필수적이다. 그제야 비로소 장기적으로 일의 효율성에 대한 기대의 확신으로 이어질 수 있다.

일의 효율성에 대한 확신이 강하면 어떠한 효과가 있을까?

첫째, 자신감을 갖고 일에 도전할 수 있다. 일에 대해 성공의 확신이 없으면 자신감이 없어 도전하는 데 망설일 수밖에 없다. 망설이며 시작하는 일은 좋은 결과로 이어지기 어렵다. 그러나 자신감을 갖고 도전하는 일은 즐기면서 할 수 있어 이미 그 과정이 긍정적이고, 따라서 그 결과도 더 나아질 수밖에 없다. 자신감을 갖고 도전할 수 있는 힘은 일에 대한 성공의 확신, 즉 효율성에 대한 확신에서 가능하다. 영업 현장의 많은 영업인들이 우수한 영업인이 되고자 바쁘게 움직인다. 그중에는 자신감과 자기 확신을 가지고 도전하는 직원이 있는 반면 그렇지 않은 사람이 더 많은 경우를 목격하곤 한다. 우수 영업인이 되고자 하나 자신감도 부족하고, 실행력이 뒤지는 직원들이 부지기수다. 조금 시도해보고 안 되면 쉽게 포기해버리는 건 자신감이 부족해서이다. 즉, 일의 성공에 대한 확신이 없기 때문이다. 자신의 일에 대한 효율성의 믿음이 약해서이다.

둘째, 시간이 흐를수록, 경험이 쌓일수록 효율성의 기대에 대한 확신은 더 커진다. 따라서 일의 성공 완성 단계까지 걸리는 시간이 점점 단축된다. 새로운 일에 도전할 기회가 점점 늘어나, 그만큼 이루어낼 수 있는 일의 양도 늘어난다.

셋째, 일을 하다가 실패하더라도 금방 잊고 다시 도전한다. 실패가 궁극적으로 자신의 능력 부족 때문이라고 탓하지 않는다. 실패는 실수와 같다고 생각한다. 그만큼 회복탄력성이 강한 것이다. 언제든 누구든 할 수 있는 실수를 했다고 생각하고, 자신의 일에 대한 효율성을 믿고, 성공에 대한 확신으로 바로 다시 시작한다. 그동안 머릿속에서는 실패에 대한 분석이 빠른 속도로 이루어진다. 그리고 성공에 대한 상상으로 다시 가슴은 뜨거워지고 일을 다시 시작할 수 있는 에너지원으로 활용되는 것이다.

이처럼 일의 효율성에 대해 기대하고 확신할 수 있다면, 일을 더 즐겁게 할 수 있을 뿐 아니라 일의 성공에 직접적인 영향을 미친다. 효율성에 대한 확신은 본인의 노력으로 성공의 경험이 쌓이며 배가된다. 거기에 강점에 대한 상사의 관심, 인정, 격려 또한 매우 중요하다. 따라서 조직구성원의 약점은 상사의 교육, 코칭, 멘토링 등으로 강점화하는 과정이 무엇보다 중요하다. 강점은 물론 약점까지도 효율성 기대에 대한 확신으로 변화될 수 있기 때문이다. 나아가 한 개인의 일의 효율성에 대한 확신은, 조직에서 다른 직원들의 일에 대한 효율성에도 영향을 미친다. 또한 조직 유효성 증대, 조직 활성화에도 긍정적이고 중대한 영향으로 이어진다.

06

자기효능감이 높은 사람은 스스로
목표를 설정하고 활동을 선택한다

자기효능감이 높은 사람은 스스로 목표를 설정하고 활동을 선택한다. 그 목표는 구체적이고, 실행 방법도 자신만의 효율성에 근거한 활동을 선택한다. 반면 자기효능감이 낮은 사람은 구체적인 목표가 없다. 따라서 나아갈 방향도 갈피를 잡기가 힘들다.

세계적인 리더십 컨설턴트 스티븐 코비 박사는 성공하는 리더들을 조사한 결과, 공통적인 습관을 발견했다. 그들은 일을 시작하기 전 완성된 모습을 먼저 그려본다. 확실한 비전과 목표를 스스로 세우고 어떤 위치에 올라서고 싶은지 떠올려 본다는 것이다. 확실한 목표를 설정하고 세부 활동계획들을 끊임없이 '리마인딩'하는 것, 즉 성공에 이르는 하나의 공식 같은 시스템이다.

사람들은 누구나 성공을 원한다. 하지만 그 성공이라는 특별한 순간이 누구에게나 찾아오지는 않는다. 그 성공은 미래에 대한 구상, 새로운 세상과 미래에 대한 열정으로 꿈과 목표를 향해 나아갈 때 가능해진다. 그런데 그 꿈과 목표를 향해 열정을 갖고 도전하는데 자기효능감이 무엇보다 중요하다는 사실을 상기할 필요가 있다. 어린 시절부터 어느 순간 형성되어, 삶의 순간마다 열정을 갖고 도전할 수 있는 힘, 자신의 능력에 대한 확신이 만들어낸 힘이 자기효능감이다.

학창시절로 돌아가보자. 선생님이 질문하면 대답하려고 손 드는 학생은 정해져 있다. 이런 현상은 어느 특정 과목에 국한되지 않는다. 모든 수업은 공부를 잘하는 몇몇 학생 주도로 이루어진다. 이러다 보면 어느 순간 선생님께서도 그 학생들에게만 질문하며 수업을 진행하게 된다. 물론 공부를 잘하는 학생과 그렇지 않은 학생은 타고난 지능에 따라 차이가 날 수도 있다. 그러나 한편, 어릴 때부터 자신감을 키워주지 못한 부모의 책임일 수도 있고, 초등학교에 갓 입학했을 때부터 골고루 관심을 가지고 교육하지 못한 교사의 책임일 수도 있다. 그렇게 어린 시절부터 꾸준히 형성된 자기효능감은 사회인이 되어 조직생활까지도 영향을 미친다. 어린 시절의 멘토들처럼, 조직에서 리더의 역할이 매우 중요하다. 조직의 유효성을 증대하려면 자기효능감이 낮은 구성원들도 함께 가야 하기 때문이다.

반두라는 '사고와 행동의 사회적 기반(The Social Foundations of Thought and Action)'이라는 책에서 이렇게 말했다. 인생 목표를 모두 달성하는 데 필요한 자기효능감을 키우면, 실패를 겪지 않게 된다. 자기효능감이 높은 사람은 아무리 어려운 일에 부딪혀도 그것을 피해야 하는, 불가능하고 무시무시한 위협으로 받아들이지 않는다는 것이다. 정복해야 할 흥미로운 도전으로 여기기 때문이다. 자기효능감이 높은 사람은 목표 설정뿐만 아니라 그것을 이루어가는 과정 또한 주도적이다. 목표를 이루기 위한 과정에서 필요한 수많은 행동들도 스스로 선택한다.

목표 설정 이론의 공동 창시자인 에드윈 로크(Edwin Locke)는 '주도자'라는 사람들, 즉 엄청난 부를 일구고 열정과 비전, 활력, 인내심으로 세상을 움직인 이들의 특성을 연구했다. 그는 주도자의 특징을 7가지로 정리했는데, 그 가운데 두 가지가 '비전'과 '행동력'이다. 성공한 이들에게는 비전에 근거한 확실한 목표와 행동력이 항상 뒷받침되고 있다. 훌륭한 인생 목표가 있으면 자신과 미래, 그리고 자신의 노력으로 얻을 수 있는 다양한 기회에 대해 기대를 걸 수 있기 때문이다.

목표 설정 이론에서 목표란 구성원이 최고의 업무수행을 하도록 하기 위한 지침이며, 관심이란 어떠한 목표 설정이 업무 성과 향상에 효과적인가에 대한 판단이다. 로크는 목표 설정 이론에 관한 기존 연구들의 주요 관심사 중 하나를, 효과적인 목표의 두 가지 중요한 속성인 목표의 구체성과 난이도로 꼽는다. 목표의 구체성과 난이도가 구성원의 동기부여를 촉진하고, 조직 또는 업무 성과의 개선으로 이어진다는 것이다.

로크의 목표 설정 이론은 의식적 목표(conscious goals)와 업무 성과 간 관계에 관한 연구로, 그 기본 전제는 개인의 의식적 목표 설정이 결국 행동에 영향을 미친다는 것이다. 목표는 행동의 대상이거나 목적이어서 의식적 목표는 행동에 영향을 준다. 이 이론의 핵심은, 명확한 목표를 설정한 직원은 목표를 달성하기 위한 최적의 지침을 확인하며, 따라서 애매한 목표를 설정한 사람들보다 업무에 보다 집중할 수 있다는 것이다. 또한 어렵지만 어느정도 성취 가능한 도전목표를 설정하는 경우, 그 구성원은 상대적으로 덜 어려운 목표를 설정한 사람보다 더 나은 업무 성과를 낼 수 있다고 보는 관점이다.

희망이론의 창시자인 릭 스나이더(Rick Snyder)는, 목표가 있으면 달성할 방법을 궁리하기 시작하며, 이런 '경로사고' 덕분에 삶을 희망적으로 바라보게 된다고 했다. 희망을 품은 사람은 행복하며 목표 달성을 위해 남보다 훨씬 더 꾸준히, 융통성 있게 노력한다는 것이다.

꼭 달성하기 위한 목표를 세우면 방법이 보인다.

지점장으로 근무하던 당시, 지점에서 관리 중인 마을버스 업체에서 차량을 구매한다는 정보를 업체 사장에게서 전해 들었다. 그는 당사 차량에 대해 긍정적으로 검토하겠다고 해서 크게 걱정하지 않은 채, 업체 담당 직원에게 맡겨두고 진행 상황만 묻곤 했다. 대량 물량 건이라 본사에도 보고된 사항이었다. 그러던 어느 날 벼락 같은 소식이 전해졌다. 그 많은 물량이 모두 경쟁사로 계약 확정되었다는 것이다. 제품의 경쟁력 측면에서도 차량 크기로 인한 탑승인원 말고는 모자란 점이 없었다. 탑승 인원은 아침, 저녁 러시아워 시간에도 큰 문제가 없으리라 판단되어 우려하지 않고 있던 터였다.

　그러나 일단 일은 벌어졌다. 우선 본사에 상황을 보고하고 당사로 다시 계약할 수 있도록 하겠다고 담당 중역에게 보고했다. 그다음에 방법을 찾을 생각이었다. 사장의 우려 사항부터 짚어나갔다. 그는 예상했던 대로 러시아워 시간에 탑승인원을 다 태우지 못하는 상황을 신경쓰고 있었다. 물론 연비는 당사 차량이 우수하다고 자료에도 드러나 있어, 어느 정도는 알고 있던 사실이었다.

　탑승 인원의 걱정을 불식하기 위해 실제 탑승 인원을 직접 조사하는 방법을 택했다. 차고지에서 타고 가면서 정류장마다 타고 내리는 인원을 체크하고, 업체 담당 직원은 종점에서 반대로 타고 오면서 같은 방법으로 조사하도록 지시했다. 자료를 만들어 업체 사장에게 브리핑하고 반응을 살폈다. 침묵과 함께 큰 동요가 느껴지지 않았다. 업체와 고객을 관리하면서 느낀 건 영업은 거절부터 시작한다는 것이다. 그 사실을 이미 피부로 체험하며 느껴온 터라, 이 정도면 절반은 성공이라고 생각했다. 마지막 안타가 필요했다. 연비의 우수성을 실제 자료를 통해 브리핑해야겠다고 판단했다.

경쟁사 제품은 그 업체에서 이미 운행 중이라 거래 주유소를 통해 주유 기록을 입수했다. 당사 제품을 그 업체는 아직 운행해본 경험이 없어, 우리가 판매한 업체에 부탁해 주유 기록을 입수한 뒤 연비 비교자료를 만들었다. 그 결과는 대단했다. 영업용이라 운행 거리가 많아, 5년 운행하면 차량 한 대를 살 수 있을 만한 연비절감 효과였다. 예상은 적중했다. 업체 사장은 세세하고 꼼꼼한 자료에 감탄했고 경쟁사 계약분 전체를 당사로 전환 계약해주었다. 일에 대한 효율성의 확신이 빛을 발하는 순간이었다. 결과를 미리 설정해놓은 목표를 설정하고, 거기에 과감히 도전한 실행력이 성공으로 이어진 순간이었다. 꼭 달성하기 위한 목표를 세우면 방법은 보이게 되어 있다. 그다음은 실행력만이 결과를 만들어내는 것이다.

07

자기효능감이 높은 사람은 목표를 크게 설정하고 도전의식이 강하다

자기효능감이 강한 사람은 목표를 크게 설정하고 도전의식이 강하다. 자기효능감이 약한 사람은 목표가 작고, 어려운 일에 대한 도전을 꺼린다. 자기효능감이라는 개념은 점차 조직행동 분야에서 개인의 동기화를 위한 중요한 변수가 되어가고 있다. 즉, 자기효능감이 높을수록 개인이 어떤 과업에 임하여 설정하는 목표 수준은 물론 성과 수준, 노력 수준, 몰입 정도 등이 높다는 주장과도 일맥상통한다. 물론 성과 향상으로 이어진다는 주장도 함께이다.

Locke & Latham(1990)에 따르면, 자기효능감의 크기나 강도는 개인이 설정하는 목표의 수준과 매우 밀접한 상관관계가 있다. 즉 목표의 수준은 개인의 능력이나 과거의 성과보다는 자기효능감에 의해 더 큰 영향을 받는다는 점을 강조한다. 다시 말해 개인의 능력이나 과거의 성과는 자기효능감을 통해 새로운 목표를 세우는 데 영향을 미친다는 것이다.

과업을 수행하기 전 목표를 미리 세워놓고 일을 진행하면 더 큰 성과로 이어진다는 사실은 많이 알려져 있다. 스포츠계나 학교 학습, 회사의 과업 수행과 관련하여 여러 학자들에 의해 계속 입증되어온 사실이다. 또한 영업현장의 영업직원의 매출액이 목표 설정으로 인해 현저히 증가된다는 사실도 밝혀졌다. '자기효능감－목표 설정수준－성과'라는 일련의 연결 과정을 추론해볼 수 있다.

큰 목표와 도전해야 할 세부 목표는 일에 대한 효율성의 확신에서 비롯된다. 영업현장 지점장으로 근무할 당시 직원들에게 목표를 부여 할 때의 경험이다. 본사에서 지역 본부별 목표를 부여하면 지역본부에서는 지점별 목표를 부여한다. 지점에서는 영업직원 직원별 목표를 부여한다. 월별 사업계획에 의거해서 목표를 부여하다 보면 어느 달은 목표가 부담될 때도 있지만, 어느 달은 어렵지 않게 달성 가능한 목표가 주어지기도 한다. 바로 그런 달에 지점에서 개인별 목표를 부여하다 보면, 판매력이 우수한 직원이 느끼기에는 너무 약한 목표가 부여된다. 그런 점을 감안해서 지점장이 추가목표를 더해서 부여해도, 그런 직원에게는 약해 보이는 목표다. 그래서 지점장이 개인 면담을 통해 직원별로 별도 목표를 부여하기도 한다.

그런데 자기효능감이 강해 스스로 목표를 세워 도전하는 직원이 있다. 그런 직원들은 개인 면담을 할 때 목표를 별도로 부여하지 않는다. 질문 형식으로 목표를 확인하는 수준에서 가볍게 넘어간다, 틀림없이 매우 큰 도전 목표를 스스로 세우고 있기 때문이다. 그렇게 스스로 세운 목표도 월말에 보면 초과 달성할 때가 많다.

왜 판매력이 뛰어난 직원은 이런 좋은 결과가 월말마다 반복될까? 자기효능감이 강해 자신의 능력을 믿고 자신의 일에 대한 효율성을 믿고 도전하기 때문이다. 능력에 대한 확신은 자신의 일에 대한 효율성 확신에서 오는 것이다. 그러면 영업력이 뛰어난 그 직원의 경우는 영업에 대한 어떤 효율성의 확신인가? 오랫동안 영업을 하면서 쌓아온 영업 방식에 대한 확신에서 온 것이다. 고객관리, 고객응대, 고객개척, 시장분석, 제품지식, 제품설명, 동호회관리, 자신의 이미지, 충성고객 관리, 충성고객의 도움 등, 지금까지 자신이 쌓아온 영업방식과 영업자산에서 오는 효율성에 대한 확신이다. 그래서 매월 새로운 영업목표에 도전하고 또 도전한다. 그리고 좋은 성과를 반복하면서 자기효능감, 즉 능력에 대한 신념, 일에 대한 효율성을 반복해 증명해 보인다.

목표와 행동 결과의 격차가 행동하려는 동기를 만들어 낸다

Bandura(1997)는 자기효능감의 성과에 미치는 영향력은 개인의 노력 수준 여하에 달려 있다고 보았다. 즉 자기효능감이 높은

사람은 시간과 노력이라는 자원을 해당과업에 더 배분하기 때문에, 결과적으로 그 과업의 성과가 높아진다고 한다. 과업이 어려워도 또는 실패에 직면해서도 인내력을 더 발휘하여 난관을 헤쳐 나가기 때문에 성과가 높을 수밖에 없다는 것이다. 자기효능감 – 성과 사이에는 인내와 노력이라는 매개변수가 존재한다는 사실을 밝힌 셈이다.

목표 설정은 단기적 과업수행의 목표나 장기적인 인생의 목표를 스스로 설정하는 것이다. 개인이 어떤 과업에 대하여 목표나 기준을 미리 정해놓으면 추후 행동에 중요한 자기통제 역할을 한다는 주장은 다방면에서 제기되어왔다. 사회인지론, 통제이론, 목표 설정 이론 등에서 주장된 바로는, 인간의 행동이 미리 정해놓은 목표와 기준을 중심으로 조정된다고 한다. 즉, 미리 정한 목표와 행동 결과와의 격차가 어느 정도냐에 따라 행동하려는 동기가 결정된다. 격차가 커지면 줄이려고 목표를 수정하거나 행동을 가감한다. 이런 이유 때문에 한 개인이 목표를 설정하면 그것이 그의 행동을 조정하고 동기화시켜, 성과에 긍정적인 영향을 미치게 된다는 것이다.

목표 설정이 성과에 미치는 직접적 효과와 간접적 효과가 있다. 전자는 인간의 동기화 과정에 직접적인 영향을 미치는데, 목표달성에 대한 노력, 주의 환기, 의식의 각성, 방향성 시사, 노력 지속성을 들 수 있으며, 후자는 목표에 도달하기 위한 정보 지식의 저장, 연구개발 노력, 새로운 지식과 기술의 획득, 다양한 전략 구상 등이다.

이를 구체적으로 설명한 Locke & Latham(1985)은 목표 설정에 따른 효과를 다음과 같이 요약했다. 첫째, 목표 설정을 통해 과제에 집중할 수 있다. 목표를 설정하면 평소 주의를 기울이지 않던 부분에 신경을 쓰게 된다. 둘째, 목표 설정을 통해 과제달성을 향한 지속적 노력이 가능하다. 목표가 개인의 동기를 자극하기 때문이다. 셋째, 목표 설정은 실패 위협이나 난관 속에서도 인내력을 길러 지속적인 시행을 가능하게 한다. 넷째, 목표는 개인에게 적절한 각성과 긴장감을 갖게 하여 주의집중을 돕는다. 또한 자신의 발전 상황을 객관적으로 측정하여 피드백함으로써 능력 향상에 기여하도록 한다. 이같이 향상된 능력은 분명 성과로 이어진다.

포기하지 않는 추진력은 성공의 경험으로 형성된 자기효능감에서 나온다. 결론적으로 자기효능감이 높은 사람은 목표를 크게 설정하고, 스스로 세운 목표를 달성할 수 있다는 자신감을 가지고 도전한다. 처음에는 실패도 경험하고 좌절도 경험하며, 성공이라는 자리에 올라온 사람이 대부분이다. 바람이 센 지역에서 자란 대나무는 그 마디가 굵다고 한다. 바람에 견디고자 자신을 단련하다 보니 그 마디가 굵어진 것이다. 사람도 마찬가지이다. 모진 풍파를 견디어 낸 사람일수록 어려운 일이 닥쳐와도 어렵지 않게 그 난관을 극복해낸다. 어려움을 극복해낸 그 힘이 목표를 크게 세우고 도전할 용기를 준 것이다. 자신이 세운 목표는 그동안 반복된 성공경험에 따라, 달성할 수 있다는 확신에 의해 세워진 목표다. 그래서 그 목표도 달성할 수 있다는 확신을 안고 기꺼이 추진하게 된다. 목표를 추진하는 과정에서 어떤 난관에 봉착하더라도 쉽게 포기하지 않는다. 그동안 성공경험으로 형성된 자기효능감의 덕분이다.

08

자기효능감이 높은 사람은
어려움이 있을 때 쉽게 포기하지 않는다

자기효능감이 높은 사람들은 어려움이 있어도 쉽게 포기하지 않는다. 반면 자기효능감이 낮은 사람들은 노력하지 않고 빨리 포기한다. 특정 영역에서 자신의 능력에 대한 확신감이 높은 사람은 어려운 과제를 위협으로 여기지 않는다. 그 위협을 보고 피하기보다는, 헤쳐 나가야 할 도전으로 보고 접근하는 자세를 취하는 게 일반적이다. 그러나 특정 영역에서 효능감이 낮은 사람들은 어려운 과제를 위협으로 보고 피한다. 자기효능감이 높은 사람은 어려움에 처해도 더욱 노력하고 노력을 지속해 나간다. 그러나 효능감이 낮은 사람들은 성취욕구가 낮고 목적 달성을 위한 실행력도 약하다.

이처럼 자기효능감이 높은 사람과 낮은 사람의 현격한 차이는 어디에서 비롯한 것일까?

자기효능감이 강한 사람들은 실패를, 노력 부족이나 성취하는 데 필요한 지식과 기술이 부족했기 때문이라고 본다. 위협적인 상황을 통제할 수 있다는 확신으로 그 상황에 접근한다. 그러나 자기효능감이 낮은 사람들은 충분치 못한 수행 결과를 적성과 능력 결핍 탓으로 여긴다. 그래서 자기 능력에 대한 신념을 쉽게 상실하고 어려움에 처했을 때 쉽게 포기하게 된다.

7전 8기의 성공 신화를 이룬 사람은 많다. 수많은 좌절을 딛고 성공한 도미노 피자의 창업자 톰 모나건의 이야기도 마찬가지다. 기업주, 특히 창업주에게는, 아무리 일시적이라도 회사의 경영권을 빼앗기는 일보다 더 큰 치욕은 없다. 그러나 모나건은 도미노 피자를 네 번이나 잃을 뻔했다. 그러나 그 위기에서 회사의 경영권을 지키고 회사를 성장켰던 원동력은 자신의 능력에 대한 신념, 곧 자기효능감이다. 모나건은 이렇게 말한다.

"성공으로 가는 길에 나는 여덟, 아홉 번 좌절을 겪었다. 그중 두세 번은 심각했고 마지막은 정말 위험했다. 그 밖의 경우는 마지막에 비하면 돌부리에 발이 걸린 정도다. 하지만 나는 결코 내가 원하는 바대로 이루어질 거라는 기대를 버린 적이 없다."

모나건은 자신의 능력에 대한 신념이 대단히 강한, 즉 자기효능감이 매우 높은 사람이었다. 자기효능감이 강한 사람이 쉽게 포기하지 않는 이유는 긍정적인 사고에 바탕을 둔 할 수 있다는 강한 신념 때문이다. 자기효능감이 강한 사람은 때론 자신이 할 수 있는 것 이상을 반영하기도 한다.

사람들은 자신의 능력에 대해 과대평가를 하는 경향이 있다. 이는 인지적 실패나 성격 결함이 아니라 하나의 이점으로 인정된다. 자기 능력에 대해 지나치게 보수적으로 판단한다면, 필요한 만큼 이상의 노력은 거의 하지 않는 결과를 초래할 수 있기 때문이다.

현재 미국 대통령인 부동산 재벌 도널드 트럼프의 아버지는 알코올중독자였던 스웨덴 이민자의 아들로, 열한 살 때 아버지를 여의었다. 어른이 된 프레드 트럼프는 뉴욕시 외곽 행정 독립구에 중산층 전용 주택 개발 사업을 벌여 2천만 달러라는 큰돈을 벌었다. 그 뒤 퀸스 근처의 고급 주택가 자메이카 에스테이트에 방이 스물세 개나 되는 저택을 지었다.

거기에서 도널드를 비롯한 다섯 아이가 태어났다. 아버지의 영향을 받은 트럼프도 어릴 때부터 사람들의 이목을 집중시키는 으리으리한 대저택을 짓고자 하는 욕구가 남달랐다. 트럼프는 가족이 다니던 교회의 목사로부터 깊은 영향을 받았다고 한다. 그가 바로 유명한 노먼 빈센트 필이다. 긍정적인 사고의 중요성을 설파했던 필은 "긍정적인 사고의 힘"이라는 책으로 베스트셀러 작가가 된 인물이다. 트럼프는 필의 열정과 긍정적인 가치관에 깊은 감화를 받았다.

"여러분은 교회를 나설 때마다 이렇게 생각하십시오. '어머나 벌써 끝났네. 목사님 설교를 좀 더 듣고 싶었는데.'"

트럼프는 필이 이렇게 말했다고 기억한다. 트럼프에게 긍정적인 사고는 일종의 신조처럼 자리 잡았다. 그를 성공의 정상에 오르게 한 요인도, 한때 좌절의 늪에 빠졌을 때 붙잡아준 것도 할 수 있다는 신념에 바탕을 둔 긍정적인 사고였다.

"여러분 스스로 '이제 그렇게 할 거야'라고 말만 해서는 안 됩니다. 마음에 부정적인 생각이 비집고 들어올 틈을 주면 안 됩니다."

트럼프가 40년 넘게 비즈니스 세계의 승자로 살아남았던 이유 중 하나도 자신의 능력에 대한 신념, 자기효능감이 높았기 때문이다.

이처럼 포기하지 않고 성공할 때까지 일을 추진하려면, 어려움에 처했을 때 무엇보다 자신의 능력을 믿어야 한다. 긍정적인 사고로, 할 수 있다는 자신감을 바탕으로 한 실행력도 중요하다. 그런데 이렇게 끝까지 포기하지 않고 목표한 바를 추진하려면 비전을 세워야 한다. 비전은 미래에 대한 나의 내비게이션이다. 미래에 대한 구상, 새로운 세상과 미래에 대한 열정으로 꿈과 목표를 향해 나아가는 것이 바로 비전이다. 비전은 막연한 소망이나 꿈이 아니다. 실제로 실현 가능한 결과를 눈앞에 이뤄가는 것이다. 따라서 진심으로 성취하고 싶은 것에 초점을 맞춰야 한다. 단순히 이루어가는 과정이 아니라 궁극적인 결과에 초점을 두어야 함을 명심해야 한다.

'나는 과연 무엇을 바라는가, 어떤 위치에 올라서고 싶은가.' 이를 명확히 한다면, 이루려는 성공 목표까지 절반은 온 셈이다.

자기효능감이 높은 사람들이 일을 포기하지 않고 끝까지 밀어붙이는 힘은 비전을 세우는 것 말고도 구체적인 계획을 세우고 추진한다는 점이다. 운동선수는 하나의 목표를 이루고자 운동 방법과 강도, 식사를 조절하고 중요한 시합 날 자신의 상태를 최고조로 끌어올린다. 성공이라는 목표까지 도달하려면 전체 틀을 아우르면서 동시에 세밀한 부분을 짚어줄 계획이 필요하다.

계획은 멋있게 세우는 게 아니라 할 수 있도록 세우는 것이다. 그래야 머릿속에도 목표가 좀 더 구체적으로 다가온다. 실현 가능성이 커지고 자신감 역시 상승한다. 자칫 이 과정을 소홀히 하고 지나치게 원대하거나 허황된 계획을 세우면, 실수를 유발하게 되고 목표 역시 희미해진다. 자기효능감이 높은 사람들은 비전뿐 아니라 실행 계획도 구체적으로 세운다. 그리고 꿈꿔온 비전을 달성하게 된 자신의 모습을 그려보는 게 습관화되어 있다. 열정과 꿈이 흔들리지 않는 원동력이다. 일을 쉽게 포기하지 않는 자신에 대한 스스로의 채찍인 셈이다.

09

자기효능감이 높은 사람은
자기조절 효능감이 강하다

자기효능감이 강한 사람은 자기조절 효능감이 강하다.

자기조절 효능감의 개념을 이해하기 위해서는 Bandura(1977)가 제시한 자기효능감(self efficacy)이론을 살펴볼 필요가 있다. 자기효능감이란 하나의 비교 기준으로 내재된 기술을 실제 수행으로 옮기는 매개이다. 인간 행동에 가장 강력하게 영향을 미치는 요인이기도 하다. 특정 과제에서 특정 결과를 산출해내는 데 요구되는 일련 조치를 취하고 성공적으로 수행할 수 있다는 자기 능력에 대한 믿음이다. 사회인지 이론에서는 자기효능감을 성공적 행동의 결정인자로 본다. 자기효능감은 개인의 성공가능성에 대한 신념이기에, 행동의 선택과 수행 그리고 지속성에 중요한 영향을 미친다.

일반적으로 자기효능감의 하위 요인(자신감, 자기조절 효능감, 과제 난이도 선호) 중 창의적 인성을 설명하는 가장 중요한 요인이 바로 자기조절 효능감이다. 자기조절 효능감이란 개인의 자기조절, 즉 자아관찰, 자아판단, 자아반응을 잘 사용할 수 있는가에 대한 효능기대이다. 즉 개인이 어떤 과제를 달성하기 위해 자기 관찰인 인지과정과 자기 판단 그리고 자기 반응인 동기 과정을 잘 사용할 수 있는가에 대한 효능 기대이다. 자기효능감이 강한 사람은 자신의 행동을 관찰하고, 자신의 목표인 기준에 비추어 자신의 수행을 신속하게 판단한다. 그래서 그 수행 결과가 긍정적이라면 새로운 목표를 설정하고, 부정적이면 자신의 목표를 이루기 위해 부가적인 행동을 하는 반응을 보인다. 자기효능감이 낮은 사람이 수행 결과가 안 좋을 때 쉽게 포기하는 점과 대조된다.

어느 조직의 성과에 영향을 미치는 인자, 즉 조직 유효성에 공통적으로 영향을 미치는 요인 중 구성원의 자기조절 효능감이 매우 큰 영향을 미친다고 한다. 조직구성원이 업무 경험을 통해 스스로 통제와 선택을 하고 목표를 설정해 노력할 때, 직무 만족도와 조직 몰입도가 높아져 조직의 성과를 높일 수 있다. 자기조절 효능감은 개인 역량을 최대로 발휘할 때뿐만 아니라, 조직의 유효성을 극대화하는 데도 매우 중요한 역할을 한다.

자기조절 효능감이란 달성해야 할 목표가 있는 수행 상황에서 목표 달성을 위해 자신이 소유하고 있는 필요한 자기조절 전략이다. 또는 기술이 얼마나 효과적이라고 생각하는가에 대한 확신 정도를 의미한다. 자신이 하는 일의 과정에 대한 효과, 즉 일의 질에 대한 확신이다. 아마 독자 여러분도 일에 대한 자신감과 확신으로 좋은 성과가 예견되어, 일하면서도 흥분되고 가슴 뛰는 경험을 해보았을 것이다. 그 결과는 대부분 기대했던 성과로 이어질 확률이 매우 높다. 그러나 설령 그 결과가 좋지 않더라도 일에 대한 효능감의 확신이 있고 자기조절 효능감이 매우 높아, 금방 다시 도전하는 순발력과 저력을 갖게 된다. 자기조절 효능감이 높아, 일의 질, 즉 전략, 기술, 수행 과정 등에 대한 확신과 자신감에 차 있는 구성원들은 눈빛부터 다르다.

반면 자기조절 효능감이 낮은 사람들은 대체로 자신의 일에 대한 효과성에 의구심을 갖는 경우가 많다. 지금 내가 하고 있는 일이 과연 잘되고 있는 건가? 지금 하고 있는 일이 방법은 맞나? 과연 결과는 어떻게 나올까? 이 모두 일의 결과에 대한 확신이 부족해 나오는 현상들이다. 자기조절 효능감이 낮으면 실패했을 때 쉽게 좌절하고 다시 도전하는 힘을 발휘하지 못하는 경우가 많다. 자기조절 효능감이 낮은 사람들은 어려운 일에 도전하기는 자체를 꺼린다. 편안함에 길들여져 몸과 마음이 힘들어지는 일 자체를 기피하는 경향이 강하기 때문이다. 사람들은 근본적으로 마음과 신체의 안락함을 추구하는 경향이 강하다. 어려운 일에 도전하려면 몸이 힘들어지는 건 물론이고 정신적으로도 스트레스가 수반되기 때문이다. 그러나 자기조절 효능감이 뛰어난 사람들은 일의 가치를 신체의 편안함이나 정신적 안락함보다 더 우위에 둔다. 따라서 신체와 정신의 노고를 극복해낼 수 있는 것이다.

자기조절 효능감에서 감정 조절 문제가 중요 문제로 대두되고 있다. 예를 들어 영업의 경우 꼭 같은 방법, 같은 양의 노력을 기울여도 그 결과는 큰 차이가 나는 경우를 종종 볼 수 있다. 왜일까? 인간관계가 크게 결부되기 때문이다. 고객을 대하는 자세, 진실성 등 대 고객관이 제대로 정립되어 있지 않으면 고객은 금방 알아차린다. 고객은 자신이 영업의 수단으로 전락되는 걸 경계한다. 고객은 자신이 영업 목적의 우위에 있기를 기대한다. 자기조절 효능감이 높은 구성원은 이 같은 고객의 니즈를 알아차리는 능력이 있다. 조직의 리더가 조직구성원의 자기조절 효능감을 키우려면, 이처럼 보이지 않는 감정 문제까지 세심하게 코칭해야 한다.

10

자기효능감이 높은 사람은
빠른 속도로 효능감을 회복한다

자기효능감이 높은 사람들은 빠른 속도로 효능감을 회복한다. 회복탄력성은 말 그대로 시련과 어려움에 직면해 있을 때 이를 극복하고 정상 상태로 돌아올 수 있는 정신적, 육체적 에너지를 말한다. SBS - TV '그것이 알고 싶다'에서 회복탄력성에 대한 과학적 실험 결과를 방송한 적이 있다. 실험 결과 회복탄력성이 높은 사람들과 낮은 사람들은 뇌 반응이 다르게 나타났다. 회복탄력성이 높은 사람들은 실수를 두려워하지 않고 오히려 그것으로부터 피드백을 적극적으로 받아들이는 긍정적 태도를 지니고 있는 것으로 나타났다. 그러나 회복탄력성이 낮은 사람들은 실수를 지나치게 두려워하고, 그 실수에서 긍정적 피드백을 받지 못하고 거부하고 억누르고 무시하려는 무의식이 작동했다.

회복탄력성은 개인이 가진 결함과 약점이 아니라 능력과 자원에 초점을 둔다. 회복탄력성이 높은 사람은 긍정적 자아 존중감을 갖는다. 회복탄력성은 특별한 능력이 아니다. 긍정적으로 생각하고, 웃고, 희망하고, 삶에 의미를 부여하는 능력이다. 또한 적극적으로 행동하고, 도움을 요청하고, 다른 사람과의 관계를 맺는 평범한 특성일 뿐이다. 회복 탄력성은 타고나는 것이 아니라, 변화와 도전적인 환경에서의 긍정적인 적응과 개인적인 발달을 포함하는 역동적인 개념이다. 그래서 생성되거나 유지 또는 소멸되는 특성을 지닌다. 회복탄력성은 개인과 환경의 역동적인 상호작용을 통한 발달과정에서 점진적으로 형성되고 달라질 수 있다. 따라서 모델링이나 교육 등을 통해 길러질 수 있는 능력이라고 본다.

회복탄력성은 스트레스와 일상 속 도전에 효과적으로 대처하고, 실망, 실수, 외상, 역경으로부터 되돌아가는 능력이다. 현실적인 목표를 개발할 수 있고, 문제를 해결할 수 있을 뿐만 아니라, 타인과 편안하게 상호작용할 수 있는 능력이다. 또한 자신과 다른 사람들에게 존중과 존엄성을 가지고 대하는 역량이며, 도전에 대해 사고력, 자신감, 목적, 의무, 감정이입, 희망을 가질 수 있는 능력이다.

단순히 스트레스를 견뎌내는 저항 능력을 의미하는 탄력성이 아니다. 일반적인 상황에서 충동을 표출하거나 억압하는 수준을 나타내는 자아 통제 등의 관련 개념들과는 다르다. 역경으로 인해 나락으로 떨어졌다가도 위기상황을 견뎌내 원래 위치보다 더 높은 곳까지 올라, 오히려 역경을 발판으로 삼는 능력인 것이다.

동일한 위험요소에 노출되었다 하더라도 개인이 어떤 정서적, 행동적 대응 양식을 취하느냐에 따라 그 결과는 큰 차이가 있다고 보는 학자들이 많다. 회복탄력성이 높을수록 학교에 대한 흥미가 높고 학업성취도 또한 높게 나타났다. 뿐만 아니라 사회적응, 환경 적응, 일반 적응 등 학교생활 전반에도 적응도가 높아진다. 또한 회복탄력성과 자기효능감이 군 생활 적응에 직접적인 효과가 있다는 연구 결과도 많다. 회복 탄력성은 이렇듯 사회생활 적응도에서 중요한 요인으로 자리잡고 있다.

긍정성 증진 훈련은 자아 존중감, 회복탄력성의 중요한 요소이다. 급변하는 현대사회에서 환경 요인과 정신적 스트레스로 심리적 부적응을 겪는 현대인들이 날로 늘어나고 있는 실정이다. 이러한 심리적 부적응을 치유하는 방안으로 최근 긍정심리학이 대두되고 있다. 문제행동이나 정서적 부적응을 겪는 사람들은 부정 정서는 높은 반면, 낮은 긍정정서로 인해 문제 상황을 회피하려는 경향이 강하다. 따라서 회복탄력성과 자아존중감은 일반적으로 낮게 나타난다. 대체로 자아존중감과 회복탄력성이 높은 사람들은 매사에 긍정적이고 적극적이며, 사회적으로도 안정된 성격 특성을 지닌다. 또한 불안에 민감하지 않을 뿐 아니라 새로운 경험에 개방적이고 긍정정서를 나타낸다. 결과적으로 긍정성 증진 훈련은 자아

존중감과 회복탄력성을 기르는 데 중요한 요소이다.

긍정심리학의 창시자인 Seligman은 긍정심리학이 개인의 성장 주도성과 희망을 중요시하며 자신의 가치를 명확히 하여 삶을 보다 더 의미 있게 만들어간다고 했다. 자아존중감과 회복탄력성을 키우기 위해 긍정적 사고가 중요하다는 것은, Peterson(2006)의 긍정적 삶의 공통적 요소에도 잘 나타나 있다. 그는 긍정적 삶의 공통 요소로 부정정서보다 긍정정서가 삶에 대한 만족감을 높인다고 했다. 또한 긍정정서가 미래에 대한 희망, 과거에 대한 감사, 자신의 장점에 대한 인식, 재능과 장점을 활용하여 적극적으로 목표를 추구한다고 보았다. 나아가 타인과의 친밀한 관계, 조직과 모임에의 의미 있는 참여에도 긍정정서가 중요한 요소라고 강조했다.

리더의 긍정적 피드백이 조직구성원의 회복탄력성을 키운다.

직장에서도 조직 분위기를 활성화하고 조직의 성과를 높이기 위해 조직구성원들의 긍정심리에 바탕을 둔 회복탄력성이 매우 중요하게 대두되고 있다. 조직에서 조직구성원들의 회복탄력성을 키우려면 리더의 긍정적 피드백이 매우 중요하다. 급변하는 조직 환경에서 구성원들은 나아가야 할 방향을 확실히 알지 못하고 방황하곤 하는데, 리더의 긍정적인 피드백이 이를 바로 잡아줄 수 있기 때문이다. 구성원의 회복탄력성과 자기효능감에 매우 긍정적인 영향을 미치는 요소이다.

지금은 자동차 업계 현장 영업 조직 체계에서 직영점보다 대리점 숫자가 오히려 약간 많은 상태까지 도달했지만, 예전에는 대리점 수가 직영점에 비해 월등히 적었다. 영업 본부에 근무하면서 직영점과 대리점의 투입 비용을 분석해보니, 대리점의 투입비용이 직영점에 크게 못 미친다는 분석 결과가 나왔다. 그래서 회사의 채산성 높은 경영을 위해 직영점을 모두 대리점 체계로 바꾸는 안을 기획해 보고했다.

　직영점의 지점장들은 회사에 적을 두면서 대리점 점장으로 발령을 내고, 직영점의 영업직원들은 대리점에 속해 있는 소사장 제도를 도입하는 안을 제시했다. 직영점의 영업직원들은 직영점의 점포를 그대로 사용하되 수수료는 기존 대리점과 조금 차등화시키는 안이었다. 직영점의 영업직원들에게는 편하게 안주하기보다는 도전적으로 영업에 박차를 가할 수 있다는 장점이 있었다. 그러나 판매가 부진한 직원들은 안정적인 수입이 줄어들어 선호하지 않을 안으로 받아들여졌다.

　이 안을 제시하자 영업본부 중역은 좋은 아이디어라고 칭찬을 아끼지 않았으나 아직은 시기상조라고 했다. 그 뒤로 직영점 영업직원들의 소사장 제도까지는 아직 가지 못했지만, 요즘은 대리점 숫자가 많이 늘어나 오히려 직영점을 앞지르는 단계까지 오게 된 것이다. 대리점을 더 늘리고 싶어도 노사 합의 사항으로 더 늘리지 못하는 실정이다.　현실에 바로 적용되지 못했다 해도, 당시 영업

본부 중역이 건넨 피드백은, 그 뒤로도 내가 조직 혁신에 대해 끊임없이 생각하고 고민하게 만든 긍정적인 계기가 되었다.

긍정적 피드백은 칭찬하고 격려하는 피드백이다. 그래서 피드백을 제공하는 사람으로부터 잘하고 있다는 느낌을 전달받아 현재 행동을 강화하고, 자신감을 얻는 효과를 가져온다. 회복탄력성은 다양한 스트레스 요인에도 불구하고 이를 극복해내는 개인의 심리적 자원으로 인식되는데, 조직에서 리더의 긍정적인 피드백이 구성원의 스트레스 인자를 희석하는 결과를 가져올 수 있다고 보는 관점이다. 기존의 피드백은 어떻게 하면 피드백의 수용도를 높일 수 있는지 여부에 관심이 집중되었다. 그러나 요즘은 피드백을 받아들이는 상대방이 그 피드백을 바탕으로 한 단계 도약할 수 있다는 자신감과 도전의식을 가슴에서 솟아나게 해야 한다고 본다. 그러기 위해서는 구성원들의 마음속에 내재된, 밖으로 드러내면 큰 힘을 발휘할 수 있는 잠재 역량을 끌어내는 것이 무엇보다 중요하다. 이에 리더의 가슴에서 우러나오는 뜨거운 칭찬과 격려가 어우러져, 조직구성원의 한 단계 도약은 물론 안정적인 조직생활을 유지하도록 이끄는 밑바탕이 될 것이다.

구성원의 자기효능감을
떨어뜨리는 상사, 자리를 떠나라

01

부정적인 조직 분위기를 만드는 상사

부정적인 조직 분위기를 만드는 상사는 구성원의 자기효능감을 떨어뜨린다. 그처럼 부정적인 조직 분위기를 만드는 상사의 주된 원인은 무엇일까? 외환 위기 이후 급격한 기술진보, 글로벌 경쟁의 심화, 기업 내부 인력의 고령화, 성장둔화 등을 겪으며 국내 기업 내부에 성과주의 문화가 확산되고 있다. 물론 성과주의 문화는 보다 높은 성과를 내기 위한 동기유발에 도움이 될 수 있다. 그러나 과도한 경쟁 유발과 성과 강요로 인해 나타나는 조직 내 부정적인 행태들을 묵과해서는 안 된다. 불안감 증대와 심리적 저항을 유발할 수 있으므로, 기업은 구성원의 심리적 안정에 관심을 가져야 한다.

조직 내 부정적인 행태들은 조직 차원 또는 대인관계 차원에서 주로 나타나는데, 대표적으로 조직 정치와 상사의 비인격적 감독을 들 수 있다. 먼저 조직 정치는 조직 차원의 대표적인 부정적 행태이다. 조직구성원들이 자신 또는 자기 집단의 목표를 얻기 위하여 비공식적인 수단을 통해 직·간접적으로 다른 사람들에게 영향력을 미치려고 시도하는 현상이다. 이러한 조직정치는 조직 내 과도한 경쟁 상황에서 증가한다. 높은 성과를 이루기 위해 제한된 자원을 두고 과도한 경쟁이 일어나는데, 이때 제한된 자원을 얻으려는 책략적인 행동이 주된 요인이다. 상사는 이 같은 조직 내 분위기가 발생하지 않도록 관심을 가져야 한다. 만일 조직정치가 만연하는데도 상사가 방조하거나, 오히려 성과를 높일 수 있다는 일부 순기능적인 측면을 고려해 부추기면 안 된다.

또한 상사의 비인격적 감독은 대인관계 차원에서 대표적인 부정적 행태이다. 상사의 리더십은 경영학 연구에서 중요한 비중을 차지한다. 최근에는 성희롱, 폭력, 정신적 가학 등과 같은 상사 행동의 어둡고 파괴적인 면에 관심을 기울이고 있다. 실제 직장 내에서 발생하는 상사의 공격적 행동은 육체적 가해라는 형태보다는 모욕, 욕설 등의 언어적 형태로 나타난다. 또한 직접적이기보다는 간접적으로, 노골적이기보다는 은밀한 형태로 나타나고 있다. 이러한 상사의 비인격적 행위는 과도하게 성과를 강요할 때 나타날 수 있다. 그러한 상황에서 상사는, 자신의 생존에 대한 통제력을 가지려는 생존 본능에서 구성원에게 과도한 공격적 행동을 할 수 있기 때문이다. 특히 성과주의 인사 제도 하에서, 성과를 내세운 상사의 비인격적 행위는 구성원에 대한 통제 필요성을 정당화할 근거를 만들어 조직 내에서 쉽게 용인될 수 있다. 그러나 그로 인해 구성원의 심리적 건강을 해치는 것은 물론, 직무 관련 태도나 행동에 부정적인 결과를 초래하기 때문에 그 영향을 최소화시켜야 한다. 나아가서는 부정적인 조직 분위기로 이어질 수 있기에 더욱 그렇다.

직장 내에서 상사가 구성원에게 신체적·물리적 가해를 하면 해고나 법적 처벌 등 직접적인 제재를 받을 수 있다. 그러나 비인격적 감독과 같은 정신적·언어적 공격 행동은 그 구분이 명확하지 않아 비인격적 감독 여부로 구분하기도 어려운 상황이다. 그렇다보니 직장 내 상사들의 비인격적인 행태는 주로 적대적인 언어나 비언어적 행동으로 나타나는 특성을 보인다. 비인격적인 행동을 하는 관리자는 구성원들을 억누르고 학대하기 위해 권한과 힘을 의도적으로 사용한다. 또한 그 같은 비인격적인 행동은 일회적인 사건이 아니라 부정적 행동의 지속적인 표현을 수반하는 특성을 지닌다. 따라서 구성원에게 매우 좋지 않은 영향을 끼친다는 사실을 간과하면 안 된다.

상사의 비인격적인 행동은 대부분 구성원의 태도에 부정적인 결과를 초래한다. 상사의 비인격적인 행동을 보다 높게 지각한 구성원들은 그렇지 않은 구성원들보다 직장을 떠나는 사례가 많다는 사실이 다양한 연구 결과에서 드러나고 있다. 설령 직장에 남는다 해도 직무 만족이나 조직 몰입이 쉽지 않고, 심리적 스트레스와 업무에 있어 갈등을 더 높게 지각한다. 나아가 가정생활에서까지 갈등을 겪는 불상사를 초래한다고 한다. 상사의 비인격적인 행동은 때론 상사가 요구한 바를 의도적으로 수행하지 않는 행동으로도 이어져, 업무 면에서도 마이너스 요인으로 작용한다. 상사의 비인격적인 행동은 또한 구성원들의 공격적인 행동과 일탈행동에 영향을 주기도 하는데, 상사에 대한 적개심, 상사에 대한 구성원의 짜증스런 행동으로 표출되는 경우가 많다. 또한 비인격적인 상사는 구성원들에게 심리적 고통을 안겨 업무 효율을 떨어뜨리기도 한다. 심리적 불안, 우울증, 자기효능감 저하, 신경쇠약, 직무에 대한 부담감 가중 등이 그 예다.

그러면 최근 여기저기 남발되며 진행되는 상사의 부정적인 행동들은 어떠한 양상을 보일까? 대표적으로는 공격, 괴롭힘, 무례함, 부정적인 멘토 경험, 부정적인 피드백, 비인격적인 행동 등이다. 또한 일반화된 위계적 직권 남용, 개인적인 영역 침해, 포악한 행동, 폭행 등 아주 다양한 행태들로 나타난다. 최근 취업포털 인쿠르트 조사결과를 YTN 뉴스에서 보도한 내용을 보면, 조사 대상 직장인 중 97%가 갑질 상사를 경험했고, 이것이 근무의욕 저하로 이어졌다. 직장인들이 꼽은 '갑질 상사' 유형으로는 '기분파'와 '미꾸라지'형이 각각 20%로 가장 높은 비율을 차지했다. 기분파 상사는 본인의 기분에 따라 팀 분위기를 좌지우지하는 유형을, 미꾸라지 형은 자신의 업무에 대한 책임을 회피하는 상사이다. '변덕쟁이형', '사사건건 감시하고 지적하는 지적형', '상사의 명령이나 의견에 무조건 순응하는 형', '사내정치 조장형' 등 다양했다. 그러나 이러한 상사의 행태에는 응답자 절반 이상이 '가능한 신경 안 쓰려고 노력한다'고 답변했다. 이어서 '뒷담화'와 '이직' 등 소극적인 해결책을 선택하는 경우가 많았다. 구성원들이 가장 선호하는 직장 상사 스타일은 '효율적으로 업무를 추진하는 스타일', '팀원과 수평적 소통 관계를 이끄는 모습', '공과 사의 구분이 확실한 모습', '칭찬과 격려를 아끼지 않는 모습', '경청하는 태도를 보이는 모습' 등이었다.

조직의 리더들은 구성원의 잠재 역량을 최대한 발휘하게 해 조직의 성과를 극대화 하는 게 가장 큰 책무다. 그러나 그 과정에서 구성원들에 대한 무조건적인 희생을 강요해서도 안 된다. 또한 어떠한 경우에도 구성원에 대한 비인격적인 행동이 정당화될 수 없음을 명심해야 한다. 리더 자신의 행복만큼 구성원의 개인적인 행복도 중요하다는 사실을 인지해야 한다. 조직에 몸담고 있는 모든 구성원들이 조직생활을 통해 행복을 실현하는 하나의 장이 되도록 배려하는 자세가 중요하다.

그런데 바람직한 리더십 정착을 위한 노력은 고사하고, 경영층에서 현장 리더들의 잘못된 관리 스타일을 알고도 방임하는 현실은 매우 안타깝다. 큰소리 치고, 폭언하고, 인격 모독도 서슴지 않는 현장 경영자, 리더들. 왜 그러한 상황이 발생할까? 그들은 왜 아직도 성과 창출이라는 미명 아래 바람직하지 않은 리더십을 행하는 것일까? 오래된 기업문화가 그 뿌리이다. 그러한 행태를 당연히 여길 뿐 아니라 오히려 미화하고, 바람직한 조직의 리더십으로 인정받는 지경에 다다른 것이다. 모두 단기성과 관리에 집착한 결과이다. 기업 간 경쟁이 치열하다 보니 최고 경영층에서도 그 같은 현상을 알고도 묵인한다. 속된 말로 '쪼면 실적이 나온다'라고 생각하고 현장 구성원에 대한 비인격적 행동이 용인되는 것이다.

그렇다면 구성원들은 비인격적인 행동을 일삼는 현장의 리더, 현장의 경영자들에게 왜 한마디도 못하고 당하는 것일까? 그들이 인사권을 가지고 횡포를 부리기 때문이다. 현장 리더들의 그러한 횡포에 완전히 맞서기는 어렵겠지만, 한 번쯤은 반드시 짚어주어야 한다. 현장 리더들의 횡포, 비인격적인 행동이 정상이 아니라 반드시 개선되어야 하는 문제점이라는 사실을 자각시켜야 한다. 사업장 내에서 조직정치와 상사의 비인격적 감독 같은 부정적인 행태들은 조직발전을 가로막는 주된 요인이다. 반드시 사라져야 하는 폐단이다. 경영층에서는 조직의 바람직한 리더십 정착을 위해 한층 더 아래로, 더 구체적으로 관심을 기울여야 할 때이다.

02

사사건건 비난하는 것을
표준관리 운용 규칙으로 삼는 상사

전통적인 리더십 연구에서는 주로 효과적인 리더십에 초점을 맞추어 연구가 진행되어왔다. 리더가 지원하는 감독 행위가 조직 내 구성원의 창의성을 증진하고 구성원의 성과에 미치는 긍정적인 영향을 파악하는 데 연구의 초점을 두었다. 그러나 최근에는 조직구성원의 이직 의도 및 심리적 스트레스를 배가하고, 직무 만족과 조직 몰입을 감소시키는 요인에 대한 연구가 대두되고 있다. 그중에서도 개인 성과 및 조직 효율성에 부정적인 영향을 미칠 수 있는 상사의 모욕적 감독 행위에 대한 연구가 활발하다.

일반적으로 상사의 모욕적 감독 행위라는 개념은 상사의 물리적 접촉을 제외한 행위를 뜻한다. 공개 자리에서 비난, 해고 위협, 격한 감정 표현 등과 같은 적대적 언어 사용이 그 한 예이다. 또 구성원에 대한 무시, 화내기, 배려 없는 행위, 구성원에 대한 무례함, 공격적인 표정, 조롱하거나 무시하는 태도 등과 같은 비언어적 행위를 지속적으로 표현하는 행위를 뜻한다.

그런데 이 같은 상사의 모욕적인 행위가 일시적이지 않고, 업무 태도가 불량한 구성원에 한정되지 않는다는 데 그 문제의 심각성이 있다. 물론 업무 태도에 문제가 있는 구성원에게도 모욕적인 감독 행위가 정당화되어서는 안 된다. 대체로 이러한 상사는 습관적으로 구성원의 장점보다는 단점에 집중한다. 사사건건 비난하는 것을 표준관리 운용규칙으로 삼는 상사이다. 이러한 상사가 속한 조직구성원들은 심리적 스트레스는 물론 조직 공정성 인식, 직무 만족, 조직몰입에도 부정적 영향을 받을 수 있다. 또한 구성원의 심리적 스트레스, 긴장감, 좌절감, 같은 심리적 건강은 물론 이직, 직장, 가정 갈등과 같은 직무관련 태도나 행위에도 영향이 이어지게 된다.

이처럼 상사의 부정적인 조직관리 행태는 구성원의 조직 몰입에 매우 좋지 않은 영향을 끼치기 때문에, 리더의 조직관리 스타일에 대해 깊은 관심을 가져야 한다. 구성원이 조직에 몰입하도록 하려면 먼저 조직이 개인을 지지하고 있다는 확신을 주어야 한다. 조직이 지지하고 있다는 분위기를 인식할 때 조직에 대해 긍정적 태도가 형성된다. 조직 몰입은 구성원이 조직에 대해 심리적인 애착을 갖고 조직을 위해 공헌하고, 조직과 동일시하는 것에 대한 상대적인 강도를 나타낸다.

그렇다면 조직 몰입 강도가 큰 구성원들에게는 어떠한 특징이 있을까? 첫째, 조직 목표와 가치를 굳게 믿고 받아들인다. 둘째, 조직을 위해 기꺼이 많은 노력을 기울인다. 셋째, 조직구성원 자격을 유지하려는 욕구가 강하다. 이 같이 조직몰입의 강도가 센 구성원은 조직을 위해 기꺼이 자신의 역량을 최대한 발휘하려는 의지를 지닌다. 그런데 그 조직의 상사가 매사에 비난을 일삼는 것을 조직관리의 표준관리 운용규칙으로 삼는 부정적인 관리 스타일을 갖고 있다면 어떨까? 조직 몰입 강도가 높은 조직구성원을 찾기 어려울 것이다. 리더의 그러한 태도가 구성원의 사기를 꺾어버리기 때문이다.

조직구성원에 대한 관리 스타일이 빠른 속도로 변화하고 있는데, 그 속도에 조직이 따라가지 못하는 매우 안타까운 현실이다. 요즘은 조직이 구성원에게 몰입하는 정도에 대한 종업원의 지각 정도를 나타내는 개념으로, Eisenberger& Sowa(1986) 등이 사회적 교환이론(Blau, 1964)에 기초해 제시한 '조직 후원 인식(Perceived Organizational Support(POS))'이라는 개념에 관심을 두고 있다. 그들은 조직이 개인에 대해 기여하는 데 매우 높은 가치를 둔다. 따라서 그 이론은 조직이 종업원의 복지를 위해 관심을 보이는 정도를 평가한다. 종업원이 총체적으로 형성하게 되는 믿음을 조직

후원 인식의 정도로 평가하는 것이다.

지금은 구성원의 조직 몰입을 높이려면 조직에서 조직의 역할을 바탕으로 한 조직 후원 인식에 초점을 두고 관리해야 할 때이다. 그런데 아직도 리더들의 부정적인 관리 행태에 대해 논하는 조직이 있다면 크게 반성해야 한다. 조직에서 구성원에 대한 부정적인 행태에 대해 논할 때가 아니라는 말이다. 지금은 조직에서 개인이 보여준 노력, 조직을 위한 헌신을 중시해야 할 때이다. 조직이 구성원의 노력에 대한 대가를 지불하기 위해 노력하고 있음을 보여야 할 때인 것이다.

리더가 구성원의 실패나 실수에 대해 비난하거나 부정적인 반응을 보이는 것은 구시대적인 행태이다. 비난보다는 구성원을 위해 무엇을 해줄 것인가를 고민해야 한다. 이 같은 조직후원인식에 기초를 두고 있는 조직은 단기적인 교환을 포함한 금전 보상 등에 국한되지 않는다. 구성원의 일의 가치에 대한 인정에 기초를 둔 장기적인 교환까지 어우르는 조직이라 할 수 있다.

다시 말해 조직후원인식이 활성화된 조직은 조직과의 가치 일치적 관계에 기초한 정서 관계에 초점을 맞춘다. 나아가 조직이 주는 보상에 기초를 두고 형성하는 계산적 관계도 포함하는 포괄적인 태도를 보여주는 조직이다. 조직구성원이 조직에 대해 긍정적인 태도를 형성하려면 근무하는 조직의 분위기가 중요하다. 구성원이

02 사사건건 비난하는 것을 표준관리 운용 규칙으로 삼는 상사

조직을 위해 기여하고 조직이 구성원의 기여도를 중시하는 조직이어야 한다. 또한 그에 대한 반대급부를 받도록 해주는 조직이어야 한다. 구성원은 그러한 조직에서 지지받고 있다는 인식을 형성하게 될 것이며, 그러한 조직에 심리적으로 애착을 갖게 될 것이다. 구성원을 중시하는 분위기의 형성은, 개인에 대한 조직의 인정이라는 심리적 상태의 형성을 통해 이루어진다. 구성원의 그러한 심리적 상태는 조직에 대한 긍정적인 태도 형성으로 이어진다.

결국 개인이 조직에 대해 형성하게 되는 태도는, 조직 내 경험을 통해 자신이 근무하고 있는 직장 분위기에 크게 영향을 받는다. 또한 개인이 형성하게 되는 조직에 대한 긍정적인 태도는 조직이 개인에게 보여주는 태도에 기초하여 형성된다. 이러한 조직의 태도에 대한 개인의 인식은, 조직 내에서 개인이 받는 지속적인 누적 경험에 따라 좌우된다. 따라서 사사건건 비난하는 것을 표준관리 운용규칙으로 삼는 상사는 리더에 부적합하다. 리더의 그러한 태도가 구성원에 대한 조직후원 인식에 좋지 않은 영향을 끼치기 때문이다.

지금의 기업집단의 리더십은 과도기 상태에 놓여 있다. 과거 통제 위주의 리더십에서 자율적인 업무로 구성원들을 끌어가는 중간 단계 말이다. 그 단계에서 리더들은 과거 자신의 상사한테서 흔히 보아왔던 통제라는 리더십에서 쉽게 빠져나오지 못하는 경우가 많다. 그래서 아직도 모욕적인 감독행위가 조직에 많이 남아 있는 현실이다. 기업의 경영층에서는 조직의 리더를 선발할 때 매사 긍정적이고 구성원들의 육성에 탁월한 능력을 지닌, 조직관리 효능감이 뛰어난 직원을 선발해야 할 필요가 있다. 인적 자원이 충분하지 않은 상황에서 모든 리더가 이러한 능력을 갖추기는 힘들다. 따라서 경영층에서는 모든 리더가 모욕적 감독행위가 아닌 지원적 감독행위를 하도록 관심을 가져야 한다. 지원적 감독행위가 조직의 유효성에 크게 기여할 수 있기 때문이다.

그렇게 되려면 경영층에서부터 지원적 감독행위를 근간으로 하는 리더십이 정착되도록 해야 할 것이다. 지원적 감독행위는 구성원의 욕구와 감정에 주의를 기울이는 리더십이다. 또한 구성원에게 중요한 정보를 피드백하고, 구성원의 직무능력개발을 장려하는 행위이다. 개인이 조직과 상호 호혜적인 관계를 유지하면 개인의 조직에 대한 기여도가 높아지고 나아가 상호공존을 추구하게 된다는 사회적 교환이론을 상기하자. 그 어느 때보다 조직의 노력에 상승효과를 더해줄 리더의 역할이 요구되는 시점이다.

03

구성원의 동기에 비관적이고
보호적 관심을 선호하는 상사

구성원의 동기에 비관적이고 보호적 관심을 선호하는 상사는 구성원의 자기효능감을 떨어뜨린다. 구성원의 좋은 면보다는 나쁜 면을 보고, 자율성 보장보다는 간섭을 일삼는 상사를 뜻하는 말이다. 조직구성원은 일하다 보면 실패하거나 실수할 수 있다. 그런데 구성원의 이러한 실수에 대해 상사들의 반응은 제각각이다.

"그래, 일하다 보면 실수할 수도 있지. 내 생각엔 이렇게 했더라면 더 좋은 결과를 낼 수 있었을 텐데." 이러한 상사는 격려와 아울러 상사에게서 지원받고 있다는 느낌을 준다. 반면 어떤 상사는 "어떻게 자네는 그런 실수를 할 수 있나. 일하는 태도가 그 모양이니 그렇지."라는 식으로 모욕을 주며 아주 비관적으로 말한다. 전자는 지원적 감독행위이고 후자는 모욕적 감독행위이자 사기를 꺾는 경우이다. 어떤 감독 행위가 조직에서 구성원이 신나게 일하며 큰 성과를 거두는 데 유효할까? 물론 지원적 감독행위이다. 리더의 행위가 조직구성원의 태도에 직접적인 영향을 미친다는 점을 감안할 때, 조직에서 리더의 역할은 매우 중요하다. 조직구성원의 직무성과 차원에서도 마찬가지다.

조직 생활을 하면서 조직구성원은 수많은 피드백을 받는다. 이 피드백은 상급자로부터 하급자로 향하는 피드백, 직장 동료 사이에 이루어지는 피드백, 그리고 하급자가 상급자에게 제공하는 피드백 등이 있다. 특히 이중에서 상급자가 하급자에 제공하는 피드백이 가장 도드라진다. 피드백이 조직에서 중요한 이유는, 조직의 목표 달성에 조직구성원들의 업무능력과 태도 등이 핵심인데, 이를 변화시킬 수 있는 역할을 하기 때문이다.

비관적이기보다는 긍정적인 피드백이 구성원의 사기를 끌어올린다. 보호적 관심보다는 위임적 관심이 구성원에게 긍정적인 감정을 불러일으켜 더욱 자신감을 끌어낼 수 있다. 또한 구성원에게 내재된 자기효능감을 최대한 끌어내어 조직성과를 창출하는 데 크게 기여 할 수 있다. 긍정적인 피드백도 중요하지만 위임적 관심도 매우 중요하다. 구성원이 하는 일에 사사건건 간섭하면 자칫 구성원의 창의적이고 도전적인 업무를 저해하는 요인으로 작용하게 된다. 어떤 일을 맡겼으면 구성원이 스스로 생각하고 스스로 해결해가는 습관이 들도록 배려해야 한다. 사사건건 간섭하고 참견하면 자칫 해바라기성 구성원을 만들 수 있다. 무슨 일을 하든 상사만 바라보며, 창의성과 주도적 업무 습관을 잃게 된다. 업무의 질, 일의 양, 일의 속도에 있어서도 낮은 효율을 나타내게 되는 결과를 초래하고, 조직 유효성을 저해하는 주요인으로 작용하게 된다.

리더십 연구는 특성론, 행동론, 상황론, 변혁론 등 네 가지 접근 방법에 따라 다양하게 진행되어왔다. 그러나 리더의 과업 지향적, 관계 지향적 행동을 중심으로 리더십을 분류했다는 비판에 따라, 리더와 구성원 간 교환관계를 중시하는 LMX(Leader Member Exchange)이론, 즉 리더와 구성원과의 교환관계이론이 주목받게 되었다. 특히 상사, 구성원들 사이의 감정 교환, 감정 교류가 조직의 업무 성과뿐 아니라 조직 분위기에도 지대한 영향을 미치게 된다는 사실을 상기해볼 필요가 있다.

다른 사람과의 관계에서 얼마나 많은 연결 관계를 가지며, 사람과의 네트워크 구조에서 얼마나 중심적인 위치를 차지하고 있는가를 나타내는 '네트워크 중심성' 이론이 있다. 창의성을 발휘하려면 이전과는 다른 관점이나 방법을 시도할 수 있어야 한다. 그러나 그러려면 새로운 시도에 대한 위험을 감수해야 한다. 그런데 네트워크 중심에 있는 구성원들은 네트워크 내 개인들과 개인적 접촉을 통해 상황 파악이 용이하다는 장점이 있다. 따라서 위험을 감수하기 쉽고 색다른 접근법을 제시하거나, 이전과는 다른 방식으로 일함으로써 창의성을 발휘하기 쉽다. 또한 네트워크의 중심에 있는 구성원들은 네트워크 내 다양한 이질적인 사회적 무리에 노출될 수 있는 기회를 제공받는다. 이러한 노출은 구성원들을 폭넓게 사고하도록 해 생각의 깊이를 더해준다. 또한 자신의 분야와 관련 없는 분야에도 연결될 수 있도록 도와주기 때문에 개인의 창의성을 더 자극하고 촉진한다.

따라서 조직에서 리더는 구성원들이 아웃사이더가 되지 않게 하고, 조직에서 네트워크 중심에 있도록 견인차 역할을 해야 한다. 요즘 조직에서 리더와 구성원 간 교환관계를 중시하는 교환관계이론이 주목받는 이유다. 원활한 커뮤니케이션으로 조직 분위기를 활성화해, 조직 유효성을 끌어올리기 위해서다. 조직의 리더는 구성원을 비관적이고 보호적 관심으로 대할 게 아니라 긍정적 피드백, 위임적 관심을 갖도록 하되, 구성원이 네트워크 중심에 있도록 배려해야 한다. 한 인간이 가진 자원은 개인 안에서 각각 따로 기능하기보다 복합적으로 상호작용하여 개인의 행동 및 성과에 영향을 줄 수 있다. 특히 네트워크의 중심부에 위치한 사람은 자신이 직접 관계 맺는 사람들에게서 중요한 정보를 획득할 수 있다. 뿐만 아니라 자신과 간접적으로 관계 맺는 사람들에게서도 다양한 관점의 아이디어를 얻을 수 있다. 그렇게 해서 업무 수행 방법도 배울 수 있고 업무 수행시 새로운 아이디어나 방법을 적용해볼 수 있다.

　네트워크 중심에 있는 사람들은 대부분 높은 긍정심리자본을 가지고 있다. 그래서 네트워크를 통해 얻은 정보와 아이디어를 자신이 달성하고자 하는 업무 목표에 적극 적용한다. 또한 자신의 의지력과 여러 방법을 동원해 목표를 달성하고자 한다. 그 같은 긍정적인 사고는 목표 추진과정에서 어려움을 겪더라도 금방 평정심을 유지하게 한다. 그러한 습관의 반복을 통해 위험을 감수하고, 긍정적인 기대감을 가지고 업무에 자신감을 보이며 업무를 완성해가게 된다. 이처럼 높은 긍정심리자본을 가진 사람은 자신의 네트워크를 통해 얻은 새로운 아이디어와 정보를 가지고 업무방식의 개선이나 업무 성과를 낼 수 있으리라 스스로 확신하게 되는 것이다.

　리더가 비판적이고 보호적 관심으로 구성원들에게 사사건건 간섭하면, 구성원은 조직의 네트워크 중심에 있지 않고 겉돌게 되는 경향을 보이기 쉽다. 조직의 리더는 구성원이 스스로 자신의 역량을 믿고, 스스로 결단하고, 스스로 개척해가는 주도적인 구성원이 되도록 해야 한다. 구성원을 믿고 위임하는 긍정적인 피드백이 어느 때보다 절실히 필요한 이유이다.

04

조직구성원의 내적 잠재력을
끌어내지 못하는 상사

조직구성원의 내적 잠재력을 끌어내지 못하는 상사는 조직을 떠나야 한다. 실제 사람들이 일할 때 잠재능력의 30%도 사용하지 못한다는 연구 결과가 있다. 누구나 일할 때는 최대 성과, 최고의 질로 일의 결과를 도출해내려고 한다. 그런데 그렇게 다짐하고 시작한 일도 실제 결과는 자신이 보유한 역량의 일부분에 지나지 않는다. 그래서 조직에서 구성원의 잠재능력을 발굴하고 계발하는 데 상사의 역할이 매우 중요하다.

아직도 조직에서 일부 리더들은 과거의 권위적이고 관료적인 사고에 사로잡혀 있는 경우가 많다. 자신이 조직구성원으로서 상사의 지시나 감독을 받으며 일했던 습관을 리더가 된 지금 그대로 답습해 조직을 운영하고 있는 사람들이 많다. 이러한 권위적이고 관료적인 리더가 조직을 이끌어가는 경우, 상사와 직원 간 쌍방향 커뮤니케이션이 잘 안 되어 조직 발전의 큰 장애요인으로 작용한다.

이러한 리더는 경영층의 지시나 자신만의 업무방식을 강요하며 구성원의 의견이나 생각을 잘 받아들이지 않는다. 그래서 구성원의 창의적이고 도전적인 업무 형태를 아예 싹부터 잘라버리는 최악의 결과를 초래하게 된다. 어쩌다 구성원이 창의적인 아이디어로 일의 결과물을 만들어냈을 때도 리더 자신의 기준으로 평가하여 나쁜 피드백으로 되돌려주는 경우가 비일비재하다. 그러면 구성원은 상사가 요구하는바, 상사의 생각에 맞추어 일하는 습관이 생성되어 내적 잠재력은 점점 사장되는 결과로 이어지고 만다.

그렇다면 구성원의 내적 잠재력을 어떻게 끌어낼 수 있을까? 잠재력 있는 구성원은 자신의 역량 발휘를 간절히 원한다. 앞으로 30년간 노동인구의 다수를 차지할 사람들은 약 10년 전 직장생활을 시작한 Y세대이다. 이들은 일과 관련해 기대하는 바가 이전 세대와 크게 다르다고 한다. 금전, 이미지 같은 외적 가치와 여가를 중시하며, 회사가 유능한 직원을 붙잡아 둘 수 있는 가장 효과적인 방법으로 추가적인 보상과 추가적인 보너스 및 금전적인 인센티브를 꼽는다. 소속감 같은 내재적 가치는 덜 중시한다고 한다. 또한 사회적 승인에 대한 욕구가 더 적으며, 자존감은 더 높다고 한다. 업무에 있어서는 자신이 몸담고 있는 조직에서 역량 개발에 대한 회사의 지원욕구가 매우 강한 것으로 나타난다. 몸담고 있는 조직의 역량 개발에 대한 지원과 자신의 역량 개발에 대한 욕구의 간극이 크면 쉽게 조직을 떠난다는 뜻이다.

독일에서 892명의 젊은 직장인을 대상으로 설문조사를 실시했다. 표본의 25%는 학업성적이 상위 10%에 들었던 사람들이고 나머지는 독일 직장인의 무작위분포로 실시한 결과이다. 이들 중 첫 직장을 계속 다니고 있는 사람 중 92%가 이직 기회를 지속적으로 찾아보는 것으로 나타났다. 이들은 이력서를 수시로 업데이트하고, 구인공고를 확인하는 것으로 나타났다. 친구들과 일자리 정보를 나누고, 설문조사를 실시한 해에 적어도 한 번 이상 구인회사의 정보를 수집한 것으로 나타났다. 63%는 설문조사를 실시한 해에 적어도 한 번은 지원서를 냈거나, 면접을 보았거나 서치펌과 접촉했다.

그러면 이들이 계속해서 다른 직장을 알아보는 이유는 무엇일까?

첫째, 젊은 직장인들은 분명하고 야심찬 경력 목표를 가지고 있다. 예를 들면 자신의 일에 만족하면서 가능한 최고 수준의 보수를 받는 것 등이다. 둘째, 이들은 잦은 이직을 부정적으로 보지 않는다. 장기적인 목표에 도움이 된다면 이직을 과감히 결행하고, 이직이 개인 브랜드를 향상시키는 방법이라고 여기고 있다는 것이다.

이런 관점은 이직이 잦은 사람들에 대한 기존의 부정적인 관점에서 벗어나고 있다는 반증이기도 하다. 지원자의 잦은 이직이 구인기업에 부정적으로 비춰질 것이라는 기존의 통념과 크게 다른 시각이다. 기업들이 종신고용과 직업안정성을 보장하지 않는 상황에서 직원들이 스스로를 방어하기 위해 취하는 반응으로 볼 수도 있다. 그러나 요즘 젊은이들은 이직을 경력 목표를 쌓아가는 하나의 수단으로 생각하고 있다는 것이다.

따라서 어렵게 채용한 우수인력들을 조직에 남도록 하려면 구성원들에 대한 적극적인 지원이 필요하다. 그중에서도 구성원의 역량 개발에 많은 배려와 투자가 있어야 한다. 교육 등 직원들이 적응하고 역량을 강화하도록 돕는 인적자원 관리 활동, 개인의 역량 강화 계획, 성과에 대한 분명한 피드백 등은 외부구직 활동을 감소시킨다는 보고가 있다.

그러면 구성원들이 중요하다고 생각하는 역량개발 활동에는 어떤 것들이 있을까? 멘토링, 코칭, 공식적인 교육, 직속 상사의 지원, 고위 경영진의 지원 등이다. 그런데 구성원이 중요하다고 생각하는 이러한 항목들에서 회사의 지원과 구성원 자신들이 생각하는 수준의 간극이 매우 크다. 조직은 구성원들, 특히 젊은 직장인들이 필요로 하는 바와 조직이 제공하는 경력개발 활동의 간극에 관심을 기울이고, 이 간극을 줄이기 위해 노력을 기울여야 한다. 구성원들의 기대치를 따라가지 못하면 구성원들은 미련 없이 조직을 떠난다. 바로 Y세대 이후의 현상이다. 자신이 몸담고 있는 조직이 자신들의 필요를 모르고 있거나 신경 쓰지 않고, 구성원의 발전을 지원하지 않는다는 인상을 받기 때문이다.

오늘날의 직장인들은 직장과 구직에 대해 이전 세대와는 다른 전망을 가지고 있다. 요즘 직장인들은 발전하고 싶어 하며, 특히 분명한 역할과 책임이 있는 가운데 고위 경영진이 관심을 갖고 지원하며 주목받을 수 있는 일을 바란다. 자신이 하고 있는 일이 최고경영진이 관심을 가질 만큼 영향력 있는 일이기를 바란다. 조직 발전과 성장을 위해 기여할 일이기를 바라는 것이다.

어떤 조직이든 모든 구성원들이 다른 일을 하게 된다. 그러나 고위경영진은 모든 구성원이 자신이 하고 있는 일에 대해 자부심을 갖도록 세심하게 배려해야 한다. 물론 구성원들이 하는 일의 중요성에 차이가 있을 수 있다. 그러나 어떤 일이든 조직의 영속적인 성장을 위해서는 꼭 필요하다. 따라서 경영층, 조직 리더들은 단위조직의 구성원들이 일의 중요성에 대한 편견으로 피해의식을 갖지 않도록 세심히 배려하고 관심을 기울여야 한다.

특히 단위조직 직속상사의 일에 긍지와 자부심은 구성원들에게 큰 영향을 미친다는 사실을 망각해서는 안 된다. 조직의 직속상사가 단위조직의 다른 곳을 부러워하거나 옮겨 가려는 기회를 엿보고 있다면 구성원들은 방황한다. 그래서 단위조직의 리더들은 그 조직에 몸담은 동안은 그 조직을 최고의 조직으로 만들어가는 노력을 게을리해서는 안 된다. 구성원들이 가치 있는 일을 하고 있다는 자부심을 갖도록 리더부터 자부심을 가지고 솔선수범하는 자세가 필요하다.

일단 일을 맡겼으면 구성원의 생각, 주관적인 견해, 창의적인 아이디어로 일을 마무리할 수 있도록 배려하고, 격려하는 자세가 필요하다. 그래서 일의 결과가 좋으면 공개적으로 칭찬하고 그 일을 해낸 직원의 성과로 모두가 인정할 수 있도록 배려해주어야 한다. 일에 대한 확실한 피드백이 있어야 한다. 일의 결과에 대해 잘한 점, 좋은 점에 대해 구체적으로 자세하게 피드백해주는 게 중요하다. 그 직원이 한 일에 대해 더 윗선의 상사 또는 경영층까지 보고된 일이라면 그 피드백 내용까지 구체적으로 전해주어야 한다. 특히 최고경영층의 칭찬이 있었다면 더욱 그렇다. 그러면 그 구성원은 자신이 한 일에 대한 보람을 느끼고 더 일을 잘해야겠다는 각오를 다지게 될 것이다. 나아가 더욱 창의적인 아이디어로 더욱 나아진 결과물들을 창출하게 될 것이다. 결국 조직에서 꼭 필요한 인재로 성장해갈 것이다. 그러나 일을 맡긴 다음 아예 무관심한 것도 바람직하지는 않다. 혹시 도와줄 건 없는지, 일을 하다가 방향을 잡는 데 상사가 필요한 부분은 없는지, 최소한의 관심 표명은 해야 한다. 그 일에 대해 관심을 갖고 있다는 사실을 구성원들이 알도록 해야 한다.

일을 열심히 했는데도 결과가 좋지 않을 경우가 가끔 발생한다. 그럴 때는 일의 전 과정을 통해 수고한 부분을 격려하고 결과에 대해 그래도 좋은 점을 찾아 칭찬하는 과정이 필요하다. 개선점에 대해서는 일방적인 지시보다는 쌍방의견 교환형식으로 상사의 의견을 자연스럽게 전해주도록 하는 게 바람직하다. 이때 칭찬은 공개적으로, 개선점에 대해서는 조용하게 전달하는 것이 무엇보다 중요하다. 구성원들의 내적 잠재력을 이끌어내려면 구성원 한사람, 한사람에 대한 리더의 깊은 애정과 사랑이 밑바탕에 깔려 있어야 한다. 아무리 강조해도 지나치지 않을 부분이다.

05

목표달성에 대한 의지를
초기에 꺾어버리는 상사

구성원의 목표달성에 대한 의지를 초기에 꺾어버리는 상사는 그 조직을 이끌어갈 자격이 없다. 그러한 상사의 유형은 첫째, 솔선수범하지 않고 구성원이 하는 일에 사사건건 간섭하는 상사이다. 구성원의 목표달성 의지를 고취하려면 조직구성원의 업무뿐 아니라 리더 자신의 업무 및 조직 전체를 위해서 헌신하는 모습을 보여야 한다. 둘째, 조직구성원을 위한 코칭을 등한시하는 상사이다. 구성원의 목표달성 의지를 높이려면 조직구성원들을 교육하고 조직 성과를 향상시키기 위해, 리더 스스로 제안하고 구성원들이 자율적으로 일할 수 있도록 분위기를 조성하는 것이 중요하다. 셋째, 조직구성원들을 조직운영의 의사결정에 참여시키지 않는 경우이다. 참여적 의사결정은 의사결정 과정에서 조직구성원들이 제공하는 정보를 적극적으로 활용하려는 자세를 의미한다. 그렇게 하려면 구성원들이 적극적으로 아이디어와 의견을 표현할 수 있도록 격려하는 자세를 보여야 한다. 넷째, 구성원들과 정보를 공유하지 않는 상사이다. 구성원의 목표달성에 대한 의지에 도움을 주려면 리더가 자신의 조직운영 철학을 구성원들과 공유해야 한다. 특히 조직의 중요한 정보들을 공유함으로써 구성원들에게 소속감을 심어주어야 한다. 다섯째, 구성원의 목표달성 의지를 꺾어버리는 상사는 구성원의 복지 및 관심사항에 무관심한 상사이다.

대부분의 리더들은 구성원들에게 일을 시킬 때 결과를 만들어내기 위해 많은 관심을 기울인다. 그러나 일을 시킬 때와 결과를 만들어낸 다음의 태도가 달라지는 리더들이 있다. 구성원의 노력의 대가를 등한시 하고 가볍게 지나쳐버리는 리더들인 것이다. 일의 결과에 대한 확실한 피드백이 있어야 한다. 칭찬과 더불어 확실한 보상까지도 챙겨주어야 한다. 조직구성원들이 목표 달성을 위해 신나게 일하도록 하기 위해서는 구성원들의 작은 복지까지도 관심을 가져야 한다. 나아가 개인적인 관심 및 애로사항에 대해서도 세심하게 신경을 쓸 필요가 있는 것이다.

구성원의 목표달성에 대한 의지를 높이는 차원을 넘어 더 열정적으로 일하도록 하려면 어떻게 해야 할까? 구성원들에 대한 권한 위임, 책임 부여, 자기 주도적 의사결정 분위기 조성 등이 중요하다.

첫째, 조직구성원들은 권한을 위임받으면 심리적 임파워먼트에 영향을 끼치게 된다. 심리적 임파워먼트의 구성요소인 일에 대한 의미부여, 자신감, 자기결정력, 다른 사람에 대한 영향력에 긍정적인 영향을 미치게 되는 것이다. 둘째, 책임부여는 권력의 재분배에서 끝나지 않는다. 구성원 또는 팀에게 결과에 대한 책임을 부여하는 행동을 통해 책임감을 고취할 수 있다. 셋째, 조직구성원에게 자기주도적 의사결정권을 부여하는 것은 주체적인 행동력을 강화한다. 구성원이 자신의 일을 통하여 영향력을 발휘하게 하고 구성원들로 하여금 자기효능감을 더욱 높이는 결과를 가져오게 되는 것이다.

구성원에 대한 리더의 이러한 행위들은, 구성원의 자기효능감을 높여 일의 성공에 대한 확신을 심는다. 이러한 결과가 반복되면 조직의 성과 향상은 물론 조직구성원들의 조직생활에 대한 만족도 제고, 개인의 삶의 질을 높이는 결과로 이어지게 된다. 나아가 구성원들의 만족도 제고와 조직의 성과 향상은 선순환 되어, 구성원 개인과 조직이 서로 이익을 보는 안정적인 궤도에 접어들게 된다.

무엇보다 구성원의 장점을 먼저 보려고 노력하는 자세가 중요하다. 그래야 권한 위임도 할 수 있고, 책임도 부여할 수 있고 자기주도적 의사결정권도 부여할 수 있다. 비난거리보다는 칭찬거리를 찾으려 하고, 비관적이기 보다는 구성원이 잘 해낼 수 있으리라는 낙관적인 자세가 중요하다.

구성원에 대한 목표달성 의지를 북돋는 과정은 무엇보다 구성원에 대한 믿음과 신뢰에서 시작된다. 조직에서 구성원에 대한 신뢰는 조직이 생존하고 성장하는 데 유용한 개념으로 끊임없이 주목받아왔다. 신뢰에 대한 정의는 학자마다 다양하지만, 다수의 연구에서 조직의 긍정적인 성과를 이끄는 핵심요소로 간주된다. 조직에서 구성원들의 목표달성에 대한 의지는 조직 내 신뢰가 매우 중요한 요소로 작용한다.

조직 내 신뢰는 세 가지로 분류해볼 수 있는데, 동료신뢰, 상사신뢰, 조직신뢰이다. 동료신뢰는 동료가 지닌 능력이나 도덕성을 보면서 자신에게 끼칠 위험 부담에 대한 수용 태세이다. 자신에게 끼칠 위험부담을 기꺼이 수용하고 낙관적으로 기대하는 심리적 상태를 말한다. 상사신뢰는 상사가 지닌 능력이나 도덕성을 보면서, 자신에게 끼칠 위험부담을 기꺼이 수용하며 낙관적으로 기대하는 심리적 상태로 볼 수 있다. 그리고 조직신뢰는 조직에 대한 확신과 지지를 가지고 있는 감정 상태이다. 위 세 가지 신뢰에 대한 관점에서 조직에 대한 신뢰가 결정된다고 보는 것이다. 구성원들이 조직에서 타 구성원들에 대해 낙관적이고, 조직에 대해서는 확신을 가지고 있을 때 그 조직에 신뢰를 갖게 된다. 그럴 때 조직에서 구성원들이 목표달성에 대한 의지를 갖고 일할 수 있게 된다고 보는 것이다.

05 목표달성에 대한 의지를 초기에 꺾어버리는 상사

특히 상사는 구성원들에 대한 신뢰가 밑바탕이 되었을 때 구성원들에게 과감히 권한 위임을 할 수 있게 된다. 권한위임을 받은 구성원은 일에 대한 자기결정권, 책임감이 높아져 창의적인 사고로 일에 접근할 수 있다. 신뢰는 상대방에 대한 믿음인 동시에 확신이다. 인격에 대한 신뢰인 동시에 역량에 대한 믿음이다. 그래서 조직에서 그 신뢰의 상대, 구성원, 상사는 그 신뢰에 보답하기 위해 각자 자신의 위치에서 맡은 바 역할에 최선을 다하는 것이다.

특히 조직에서 상사의 신뢰는 구성원에게 일에 대한 책임성을 크게 갖는 데 매우 큰 요인으로 작용하는 것으로 나타났다. 조직에서 책임성이란 주로 계층성 책임성과 전문적 책임성을 말한다. 계층성 책임성은 상사의 지시나 명령, 조직 내 운영규칙, 직업규범을 지켜야할 책임이다. 전문적 책임성은 구성원이 전문성을 갖고 재량권과 자율성을 토대로 업무처리에 최선을 다해줄 것을 기대하는 책임이다. 구성원에 대한 상사의 신뢰가 돈독하면 구성원들의 계층성 책임감, 전문적 책임감 모두 상승하는 효과를 가져온다. 그래서 구성원들의 조직에 대한 적응성, 업무역량을 높이는 데 견인차 역할을 하게 되는 것이다. 특히 전문적 책임성은 상호신뢰가 쌓이면 잠재역량까지 최대한 발휘되어 조직의 성과를 높이는 데 크게 기여한다.

리더와 구성원 간에 깊은 신뢰가 쌓이도록 하려면 무엇보다 서로 상대방에게 믿음을 주는 것이 중요하다. 리더가 구성원에게 믿음을 주려면 모든 면에서 투명하게 조직을 이끌어 가야 한다. 리더가 조직을 운영하는데 사적인 욕심을 우선해서는 안 된다. 특히 구성원들을 자신의 성공을 위한 수단으로 생각해서는 안 된다. 그런 생각을 조금이라도 가지고 있으면 구성원들은 금방 알아차린다.

조직의 성과를 끌어올린다는 명목으로 구성원들을 사사건건 간섭하고, 호통치고 비난하고 보호적 관심을 표준운용 관리규칙으로 삼는 리더들이 조직을 망치는 리더들이다. 그러한 리더들 중 자신의 성공을 가장 중요한 목적으로 삼는 사람들이 많다는 사실을 상기할 필요가 있다. 리더는 자신의 안위보다는 구성원들의 성장, 조직에서의 역량 발휘, 구성원들의 개인적인 행복에 초점을 두고 조직을 이끌어 가야 한다. 그야말로 조직의 성장, 리더, 구성원 모두의 성공, 행복을 위한 리더의 자세임을 잊지 말아야 한다.

위임을 넘어서 방임관리를 하는 상사

일반 조직에서 조직구성원에 대해 방임관리를 하는 상사는 조직의 유효성을 크게 떨어뜨린다. 물론 특정조직에서는 어느 정도 방임관리를 해도 조직의 성과에 악영향을 끼치지 않거나 때로는 긍정적인 영향을 끼치는 경우도 있다. 특히 구성원의 자발적인 동기부여 그리고 창조적인 아이디어 및 기술개발이 요구되는 연구개발조직이 그렇다. 리더와 구성원 간 계약관계에 근거한, 단순한 거래적 리더십만으로도 결과를 만들어내는 조직이다. 구성원의 창의성과 독창성이 중요하게 요구되는 조직에서는 어느 정도의 방임관리도 효과를 창출해낼 수 있다. 그러나 이러한 경우는 연구개발 같은 특수한 조직에 국한되는 얘기다.

대부분의 조직에서는 이 같은 자유방임적 리더십이나 단순한 거래적 관계의 계약적 리더십만으로는 한계가 있다. 그래서 변혁적 리더십이 대두되고 있다. 조직구성원의 자발적 참여와 성과 향상을 위한 구성원 활동의 질적 변화 추구에 적합한 리더십이다. 또한 도덕성과 비전을 제시함으로써 구성원이 스스로 추종하도록 유도하는 동시에 구성원과의 목적과 가치를 공유하는 것이다. 다시 말해 리더와 구성원 간 팀워크 및 몰입을 향상시키는 데 초점을 두고 있다.

연구개발 조직과 같은 특수한 조직이 아닌 일반 조직에서 위임을 넘어서 자유방임관리를 하는 리더들이 있다. 일반적인 조직에서 자유방임적 관리를 하면 구성원에 대한 관심과 배려가 결여되어 비전과 전략적 목표를 명확히 제시하지 못하는 우를 범할 수 있다. 그렇게 되면 구성원들에게 높은 기대감과 확신을 부여하지 못해 구성원들의 태도와 신념을 변화시키는 데 한계를 드러낼 수 있게 된다. 결국 구성원들이 가진 잠재력을 끌어내지 못해서 조직 목표를 달성하는데도 장애요인으로 작용할 수 있다.

따라서 일반적인 조직에서는 이 같은 폐해를 방지하기 위해 변혁적 리더십이 바람직하다. 변혁적 리더십은 동기부여이론가인 매슬로우가 주장한 자기실현욕구와 같은 고차원적인 욕구를 촉진하여 구성원들의 자발적인 몰입과 노력을 유도하는 데 기여한다. 일반적인 조직에서는 구성원들과 리더 사이에 밀접한 유기적인 관계를 근간으로 하는 변혁적 리더십이 자유방임적 리더십보다는 조직 유효성을 키우는 데 훨씬 바람직하다.

그럼 어떤 경우 일반적인 조직에서 자유방임적 관리의 우를 범하게 되는가? 구성원 중 어느 정도의 유기적인 관계만 형성되어 있으면 세심하게 지시를 하지 않아도 스스로 목표를 달성해내는 주도적인 구성원이 있을 수 있다. 그럴 때 리더는 그 구성원에 대해 자유방임적 관리 또는 위임적 관리를 통해 일할 수 있도록 배려하는 경우가 있다. 그런데 문제는 자기 주도적으로 일하지 못하는 직원에 대해서도 자유방임적 관리 또는 위임적 관리를 통한 조직관리의 우를 범할 때이다. 조직구성원이 많을 때 특히 이 같은 실수가 많다. 많은 조직구성원 한 사람 한 사람에 대해 세심하게 관심을 보이며 지도하려면 , 리더는 많이 연구하고 노력해야 한다. 구성원 각자에게 가장 적합한 지도와 교육 등이 이루어지려면 그만큼 많은 노력과 시간투자가 필요하기 때문이다. 그런데 어느 순간까지는 리더들이 그러한 노력들을 하지만 시간이 지남에 따라 귀찮고 힘들어 포기해버리는 경우가 자주 발생한다. 구성원 각자에게 맞춤형 관리를 지속적으로 끈질기게 끌고 가려면, 리더에게는 무엇보다 조직 및 구성원에 대한 깊은 애정과 관심이 필요하다.

그러나 구성원들에 대한 깊은 관심과 배려는 자칫 지나친 통제나 간섭으로 이어질 수 있으니 조심해야 한다. 구성원들은 그들의 행동에 있어서 지나치게 리더나 외부의 통제를 받을 때 업무 효율이 떨어진다. 업무수행에 있어서 스스로의 일을 처리해가는 자율성을 잃게 되는 것이다. 이렇게 되면 구성원들 스스로에게 변화를 통한 창의적인 업무수행을 방해하는 결과로 이어진다.

이러한 관심과 배려는 그 바탕에 분명한 권한위임이 있어야 한다. 방임관리와 구별되는 확실한 권한위임이다. 조직에서는 최고경영자가 입으로만 권한위임을 외침으로써 신뢰관계를 떨어뜨리고 있다는 사실을 망각할 때가 있다. 조직 내에서 어떤 정책에 대한 실행력이 따라주지 못할 때 큰 불만이 터져나오게 하는 주요인으로 작용하고 있다. 조직 내 구성원들과 조직 내 경영진 사이의 커뮤니케이션의 부족에 기인한 결과이다. 경영층에서 구성원에게 수동적 헌신을 요구하면서 한편으론 능동적 헌신을 역설하는 것을 이해하지 못하는 것이다. 만일 능동적 헌신이 최고경영자가 바라는 결과를 가져올 수 있다면 그러한 헌신을 요구할 때 현실적이어야 하며 또한 현명해야 한다.

그러나 대부분의 조직들이 스스로 변신하고 성장하기 위해 사용하고 있는 프레임워크가, 구성원이 업무처리에서 실제로 책임을 지는 데 오히려 방해물이 되고 있다는 사실을 상기할 필요가 있다. 그것은 구성원에게 능동적인 헌신을 바라지만 경영층의 실수로, 실제로는 수동적인 헌신에 길들여지게 한다는 것이다. 구성원들에게 지나친 통제나 간섭, 지시등으로 자율성, 창의성을 떨어뜨리는 조직 분위기에 기인한 결과다. 그리고 구성원들에게 책임을 강요하는 것은 경영층의 큰 실책이다.

조직에서 일을 하는데 있어서 내적 모순은 항상 존재한다. 그 모순은 일 자체에 대한 비전의 모순일 수도 있고, 일의 전략의 모순일 수도 있다. 또한 작업과정의 모순일 수도 있고, 경영층의 구성원에 대한 태도의 모순일 수도 있다.

그러나 이 같은 모순은 경영층이 바라는 구성원들의 개별적인 조직에 대한 헌신에 걸림돌이 될 수 없다. 내적 모순이 표면화 된다면 경영층은 이를 효과적으로 해결할 수 있기 때문이다. 그러나 이런 모순이 계속 가려진 채 방치되어 있다면 문제이다. 아무도 모르고 있거나 이의 존재를 인정하지 않는다면 그때는 파괴력을 잃게 된다. 이런 모순은 권한위임이 장려되는 길을 막을 뿐만 아니라, 좌절과 불신을 조성함으로써 조직의 능률을 떨어뜨린다.

그렇다면 현재의 조직을 변화시키고, 조직을 성장시키고, 이를 촉진하는 최선의 방안은 무엇인가? 첫째는 비전을 분명히 하는 것이다. 두 번째는 비전에 걸맞은 경쟁력 있는 전략을 세우는 것이고, 다음은 전략수행에 도움이 되는 조직상의 작업과정을 설정하는 것이다. 마지막으로는 구성원들이 효과적으로 이 과정을 수행할 수 있도록 개별적인 업무필요조건을 명시하는 것이다.

특히 경영층은 마지막 부분을 어떤 방법으로 조화시킬 것인가에 대해 한목소리를 내어야 바람직하다. 그러나 한편으로는 이 과정이 모순으로 혼란을 가져올 수도 있다. 경영층의 일련의 지시에 따라 마지막 부분이 너무 꼼꼼하게 규정되어 있다면 문제가 발생할 수 있다. 이 같은 방안은 능동적인 헌신보다는 수동적 헌신을 조장하는 결과를 초래할 수 있기 때문이다. 물론 조직 안에 수동적 헌신과 능동적 헌신이 공존할 수 있다. 그러나 공존방식 여하에 따라 조직 내의 궁극적인 권한위임 문제의 성공과 실패가 결정될 수 있다. 무리하게 권한위임 폭을 확대시키려고 하면, 냉소와 비능률과 같은 악순환을 초래할 수도 있다. 예방조치로 능동적 헌신이 요구되는 업무와 그렇지 않은 업무를 구별할 필요가 있다. 또 조직 내 권한위임을 확대할 수 있는 작업여건을 만들어야 한다. 그러한 여건을 만들려면 구성원들의 자세가 중요하다.

만일 구성원들이 수동적 헌신과 같은 근무 자세에서 벗어나기를 원한다면 스스로의 업무습관을 돌아보도록 하는 게 바람직하다. 또 한 가지는 구성원들이 스스로 수동적 헌신이냐, 능동적 헌신이냐를 선택할 때 거기에서 얻을 수 있는 이해득실을 잘 이해할 수 있도록 도와주는 게 좋다. 구성원들이 자기도 모르는 사이에 스스로를 상당히 쓸모 있는 존재라고 생각하도록 유도하는 것이 경영층이 조직 내에서 할 수 있는 가장 유용한 일의 일부라는 사실을 잊어서는 안 된다.

07

분노 모드로 직원들을
관리하고 호통치는 상사

    항상 분노 모드로 직원들을 관리하고 호통 치는 상사는 조직을 이끌어갈 자격이 없다. 매사에, 또는 회의 시간에 특별한 이유 없이 호통치는 상사들이 있다. '일을 왜 그 따위로 하냐'고, 또는 회의 시간에 '아무런 아이디어를 내지 않는다'고, '회의 준비가 안 되어 있다'고 불만을 토로하면서 호통치는 경우가 다반사이다. 회의시간에 상사가 이럴 경우는 회의 주관자인 상사가 준비가 안 돼 있다는 의미다. 주관자인 상사는 회의 시작부터 끝까지 어떻게 이끌 것인지에 관해 시나리오를 갖고 있어야 한다. 어떤 식으로 토론을 이끌고 어떤 식으로 합의를 이뤄야 할지 복안이 준비돼 있어야 하는 것이다.

    판매점검회의를 예로 들어보자. 이러한 회의에서 참석자들의 판매실적은 기본적으로 준비되어 있다. 이 경우 판매실적을 따지는 회의로 전락하는 경우가 대부분이다. 그래서 실적이 부진한 사람, 또는 부진한 관리자를 집중적으로 따지고 호통 치는 경우가 대부분이다. 물론 판매실적 점검회의니까 판매실적을 점검하는 과정은 있을 수 있다. 그러나 판매실적이 부진한 사람을 따지고 호통 치는 게 회의의 주된 목적이 되어서는 안 된다. 그렇게 되면 생산적인 회의가 되지 못하기 때문이다.

생산적인 판매점검회의는 시장분석, 그리고 판매실적에 대한 성공, 실패사례의 분석에서부터 시작된다. 우수한 사람의 성공사례 및 판매실적이 부진한 사람의 실패사례는 기본적으로 다루어진다. 판매점검회의는 참석하는 당사자는 물론이지만 회의주관자인 상사도 자료를 철저하게 준비하여 회의에 참석해야 한다. 그래야 호통치고 꾸짖는 회의가 아닌, 격려하고, 조언해주고, 열띤 토론이 있는 회의가 될 수 있다. 만일 주관자인 상사가 준비 없이 회의에 참석하면 그 회의는 지루하고 비생산적으로 흘러간다. 거기에다 따지고 호통 치는 험악한 분위기라면 그 회의는 최악의 회의로 전락하고 만다.

한국인과 일본인 등 동양인들은 서양인들과 달리 사무실에서나 회의 때 가급적 말을 적게 하려고 한다. 튀는 것을 싫어하기 때문이다. 유교문화에 익숙한 동양인들은 '침묵은 금'이라는 격언을 기억하고 있다. 말이 많으면 가볍다는 인상을 줄 수도 있다고 우려하기 때문이다. 동양인들이 사무실에서나 회의에서 발언하지 않는 또 다른 이유는 지시에 익숙하기 때문이다. 많은 직원들이 상사의 지시를 받고 일하는 데 길들여져 있다. 주도적으로 일하는 습관이 결여되어 있는 것이다. 그러다 보니 업무에 있어서도 수동적이고 회의시간에도 상사의 지시를 받는 자리라고 생각한다. 이에 따라 굳이 회의준비를 할 필요성을 느끼지 못한다. 회의를 적극적으로 준비하지 않았으니 의견을 개진하기도 어렵게 되는 것이다.

조직의 성패는 구성원들의 적극적인 활동과 참여에 의해 판가름 난다. 특히 조직에서 회의는 참석자들이 공동으로 참여해 결과를 만들어내기 때문에 더욱 그렇다. 참석자들이 회의에 기여하는 방법은 토론에 적극적으로 참여하는 것이다. 맥킨지컨설팅은 회의에서 참석자들이 반드시 발언하도록 요구하고 있다. 이 회사는 발언하지 않으면 불참으로 취급될 정도로 참석자들의 발언을 중시한다.

그러기 위해서는 상사가 조직을 분노모드나 호통 치는 분위기로 이끌어서는 안 된다. 업무뿐 아니라 회의시간에도 상사가 적극적인 준비를 통해 구성원들의 의견을 이끌어내고 공감대를 만들어가는 노력이 무엇보다 중요하다. 리더와 구성원들 간 공감대 형성은 조직의 분위기 활성화뿐 아니라 조직의 성장과 발전에 매우 중요하다. 조직의 유효성 증대에 매우 큰 영향을 끼치는 중요요인이다.

구성원들과 리더 사이에 깊은 공감대가 형성되면 동일시효과가 나타나게 된다. Freud의 정신분석용어로 제시된 동일시(identification)는 존경하는 사람이나 대상을 자신의 생각과 행동의 모델로 삼고 모방하고자 시도하는 과정이다. 또 자신의 일부분이라고 생각하는 조직이나 집단에 대해 고착하는 과정이다. 이와 같이 동일시는 특정인물이나 조직, 또는 집단을 자기화 하는 과정이다. 조직연구에서의 동일시는 주로 조직, 또는 집단 동일시와 리더 동일시에 초점을 맞춘다. 그러나 조직, 또는 집단 동일시에 비해 리더 동일시에 대한 연구는 상대적으로 부족한 편이다. 조직, 및 집단 동일시는 주로 구성원들의 업무수행, 조직행동, 직무만족, 및 기타 다양한 성과들에 중요한 영향을 미친다고 알려져 있다. 반면 리더 동일시는 조직구성원이 리더의 가치, 목표, 비전 등을 내재적으로 수용할 때 형성된다. 그리고 자기 자신을 리더와 함께 연결되어 있다고 지각하고, 리더의 성공과 실패를 공유함으로써 일체감을 느끼는 것으로 나타나고 있다.

Zhu(2013)등이 중국 조직을 대상으로 리더 동일시와 혁신수행 간 관계를 연구한 결과가 있다. 연구 결과, 리더 동일시가 높은 구성원들은 창의성과 혁신수행이 뛰어나다고 나타났다. 집단 몰입 모델(group engagement model)은 집단 동일시 정도가 구성원들의 태도와 행동에 영향을 미칠 것이라는 가정을 기반으로 한다. 그래서 얻어낸 결과는 개인이 집단과 자기 자신을 동일시하는 경우에는 집단의 성공과 실패를 개인의 성공과 실패로 여긴다고 한다. 그 결과, 집단과 자기 동일시는 집단의 성공에 기여하도록 동기화된다고 설명하고 있다. 더불어 리더 동일시가 높은 개인은 리더의 성공에 도움을 주기 위해 동기화되어, 혁신적 행동에 몰입하게 된다는 사실 또한 밝혀졌다. 또한 리더 동일시가 높은 구성원들은 정서적 조직몰입은 증가한 반면 이직 의도는 감소했다. 따라서 이와 같은 연구들은 리더 동일시가 조직구성원의 태도 및 행동에 영향을 미치는 중요한 요인임을 제시한다.

리더 동일시는 리더가 지향하는 가치, 리더의 목표, 리더의 비전 등을 구성원이 수용할 때 형성된다. 그만큼 리더의 사고와 행동이 구성원들에게 지대한 영향을 끼치게 된다는 것이다. 리더는 평소 자신의 사고와 행동이 구성원들에게 끼치는 영향을 간과해서는 안 된다. 평소 자신의 언어, 행동, 일을 대하는 자세, 구성원들을 대하는 태도 등에 대해서 항상 유의할 필요가 있는 것이다.

평소 구성원들에 대해서 호통 치고, 부정적인 생각을 가지고 조직을 이끌어 가는 리더는 구성원들의 조직 동일시에 매우 부정적인 영향을 끼친다. 따라서 조직 유효성 증대에도 큰 마이너스 요인으로 작용하게 되는 것은 매우 자명하다. 그런데 이러한 리더는 정작 이런 안 좋은 영향에 대해서 크게 개의치 않는다. 심지어는 조직을 이끌어 가는 자신의 그러한 방식이 오히려 조직 성과에 도움이 된다고 착각하고 있다. 심히 우려하지 않을 수 없다. 그러다 보면 구성원들의 불만은 점점 크게 쌓여간다. 이러한 현상이 심해지면 구성원들의 조직에 대한 몰입도는 점점 떨어지고 급기야 그 조직을 떠나게 되는 이직사태까지 발생한다.

그런데 그러한 리더는 그 상태까지 발생하게 된 동기를 자신의 문제에서 찾기보다는 외적인 요인에서 찾으려는 경향이 매우 강하다. 구성원들의 조직 적응력을 문제 삼는 건 기본이다. 나아가 구성원들과의 세대 차이를 언급하기도 하고, 더 나아가서는 구성원들을 능력이 부족한 사람으로 취급하기도 한다. 그러한 리더는 먼저 자신의 자세가 문제가 있다는 사실을 인지하는 게 중요하다. 그러기 위해서는 냉철하게 자신을 돌아보는 기회를 가져야 한다. 구성원들의 리더 자신을 향한 불만과 요구사항에 귀 기울일 줄 알아야 한다. 그래야 개선하려는 의지가 생기기 때문이다.

08

직원을 사적 정보탐정꾼으로
이용하는 상사

구성원을 사적 정보탐정꾼으로 이용하는 상사는 그 조직에서 떠나야 한다. 구성원을 사적 정보탐정꾼으로 이용하는 것은 조직의 신뢰문제와 직결되기 때문이다. 신뢰는 조직구성원들 간에 활발하고 긍정적인 상호작용을 가능하게 함으로써 구성원들을 조직에 통합하는 접착제 역할을 한다. 이렇듯 신뢰는 조직 발전에 매우 중요한 요소로 작용한다. 그런데 상사가 구성원을 사적 정보탐정꾼으로 이용하면 조직 전체의 신뢰에 아주 좋지 않은 결과를 초래할 수 있다. 조직의 신뢰는 조직수준 신뢰, 상사의 구성원에 대한 신뢰, 구성원의 상사에 대한 신뢰, 구성원들 간 신뢰 등으로 구분되는데, 이 모두 상사의 역할에 크게 영향을 받는다는 공통점이 있다. 즉 구성원들이 상사를 어떻게 보느냐가 조직의 신뢰 수준에 직접적인 영향을 미친다. 그 요인으로는 상사의 능력, 자비심, 도덕성이 있는데 그중 도덕성은 매우 중요한 항목으로 간주된다. 구성원을 사적 정보탐정꾼으로 이용하는 것은 상사의 도덕성을 해치는, 절대 있어서는 안 될 일이다.

조직 내에서 발생하는 신뢰는 구성원이 조직 실체에 대해 갖는 신뢰와 구성원 상호 간에 일어나는 신뢰로 구분된다. 조직 내 다양한 신뢰유형 중 조직 효과성에 많은 영향을 주는 것이 바로 조직이나 상사에 대한 신뢰이다. 조직 내 신뢰유형은 수평적 관계의 신뢰와 수직적 관계의 신뢰로 구분된다. 수평적 관계의 신뢰는 부서 간 신뢰와 동료 간 신뢰를 의미한다. 수직적 신뢰는 구성원이 조직에 대해 갖는 신뢰와 구성원으로서 상사에 갖는 신뢰가 있다. 구성원들의 신뢰 정도는 경영진, 직속상사, 동료, 구성원, 전체로서의 조직 간에 다양하다. 이러한 조직 내 다양한 신뢰 유형 중에서 조직 유효성에 많은 영향을 주는 것은 수평적 신뢰보다는 조직이나 상사에 대한 수직적 신뢰이다.

구성원들의 조직 신뢰는 조직과 구성원 간 일체감 형성, 경영진에 대한 믿음 등을 가능하게 한다. 조직 내 구성원들이 모였을 때 조직의 문제점을 많이 얘기한다면 조직 신뢰도가 낮은 것이다. 구성원들의 이직율이 높다면 구성원들의 조직 신뢰도가 낮은 것이다. 또한 상사신뢰는 구성원과 상사를 연결시키는 동시에 리더십의 정당성을 부여하는 척도이기도 하다. 특히 조직 유효성에 큰 영향을 주는 것은 상사에 대한 신뢰이며, 우리나라의 위계적 조직사회에서 상사신뢰가 더욱 강조되고 있는 이유이기도 하다. 상사신뢰는 상사의 특성과 더 강한 관계를 보이는 경향이 있다. 반면 조직신뢰는 구성원들에게 인식된 조직지원, 조직의 공정성 등과 강한 관련이 있다.

조직신뢰는 일반적으로 구성원들에 의해 지각되는 조직의 신뢰성에 대한 전반적인 평가다. 조직이 그에게 이익이 되거나 최소한 해가 되지 않는 행동을 수행할 것이라는 구성원들의 확신이다. 그런데 조직의 리더가 구성원 중 특정개인을 통해 다수의 구성원에 대한 정보를 얻으려 한다면 큰 문제이다. 조직이 구성원들에게 해가 되는 행동을 하지 않을 것이라는 확신을 줄 수 없기 때문이다.

조직신뢰는 구성원들이 가지고 있는 정서성에 의해서도 영향을 받는다. 정서성은 구성원들이 그들 주위의 환경을 주로 긍정적이거나 부정적인 것으로 지각하는 장기적인, 안정적인 경향이다. 긍정적인 정서성이 높은 구성원들은 더 긍정적인 정서적 반응을 더 나타낸다고 한다. 이와 같은 관점에서 신뢰에 구성원들의 긍정적인 정서적 반응이 더해져 신뢰성 판단에 영향을 미칠 수 있다.

그러나 리더의 사고나 행동특성에 의해서 구성원들의 정서성은 긍정적인 반응으로 나타날 수도 있고 부정적인 반응으로 나타날 수도 있다. 그래서 리더가 구성원들에게 보이는 가치관, 목표, 비전 뿐 아니라 언어, 행동, 태도 등까지도 매우 중요하다.

또 다른 조직신뢰 결정요인 중에는 조직의 이미지가 있다. 조직 이미지는 일반적으로 외부인들의 조직평가에 대한 조직구성원들의 믿음이다. 즉 구성원들이 지각하는 조직의 외부 이미지는 구성원들이 조직에 대해 지각하는, 조직 외 외부사람들에 대한 정보이다. 구성원들이 믿는 외부인들에 대한 조직 이미지는 조직에 대한 사회적 평가 이상이다. 외부인들은 그 구성원이 몸담은 조직의 평판으로 그들을 평가하려고 하기 때문이다. 그래서 구성원들은 외부인들이 그들이 속해 있는 조직을 어떻게 보는가에 매우 민감하다. 외부인이 그들의 조직에 대해 긍정적이고 호의적인 반응을 보이면 그 조직의 구성원들은 자부심을 갖게 된다. 반면 외부인들의 평판이 안 좋으면 구성원들은 자신이 몸담은 조직에 깊은 뿌리를 내리지 못하고 방황한다. 사회적 평판이 좋은 기업에 취업하기가 어려운 이유가 여기에 있다. 그만큼 경쟁률이 높기 때문이다.

외부인들의 조직이미지 평가 요소에는 그 조직에 몸담은 구성원들이 어떤 사람이냐가 큰 비중을 차지한다. 조직의 구성원 한 사람, 한 사람의 이미지가 그 조직의 이미지를 만들어내고 좋은 평판을 결정짓는 중요한 요소인 것이다. 그중에서도 바람직한 리더들의 자세가 매우 중요한 요소이다. 리더의 자세는 그 조직의 얼굴이기 때문이다. 리더의 자세는 리더 본인은 물론 구성원들에게도 큰 영향을 끼치기 때문에 더욱 그렇다.

　또 조직신뢰에 영향을 미치는 요인으로는 조직지원이 있다. 구성원들이 지각하는 조직지원은, 조직이 그들의 기여를 가치 있게 여기고 그들의 안녕에 관심을 가지는 정도에 대한 전반적인 믿음이다. 즉 구성원들의 욕구와 이익에 대한 고려, 구성원들의 이익 보호, 그들의 안녕에 관심을 기울이는 배려행동에 조직지원의 정도를 뜻한다. 특히 리더가 자기 자신들의 이익을 위해 구성원들을 하나의 수단으로 생각하지 않는 행동들이 신뢰에 큰 영향을 준다고 한다. 무엇보다 리더의 역할이 중요하게 대두되는 이유이기도 하다.

　높은 신뢰 환경에서 작업하는 사람들이 낮은 신뢰 환경에서 작업하는 사람들에 비해 성과 측면에서 보다 효과적이라는 게 일반적인 학설이다. 조직의 대인신뢰가 작업집단의 유효성에 중요한 요인이라는 것이다. Likert(1976)는 대인신뢰가 지원적인 리더 행위, 상하의사소통, 작업집단의 충성도, 조직유효성과 직접적으로 관련됨을 입증했다. 사람들은 저마다 다른 신뢰 성향을 가지고 있다. 신뢰객체가 타인이냐 조직이냐 상관없이 신뢰 주체는 개인이기 때문에 조직의 개별 구성원이 가지고 있는 성향은 종속 변수인 조직신뢰에 영향을 줄 수밖에 없다. 조직구성원들은 그들이 근무하는 조직을 신뢰하기 전 먼저 조직의 리더, 직속상관, 동료를 신뢰한다. 상사, 동료신뢰가 조직신뢰에 직접적인 영향을 미치게 된다고 보는 것이다.

상사가 구성원들을 신뢰하지 못해서 특정인을 정보탐정꾼으로 이용한다면 조직의 신뢰는 절대로 이루어질 수 없다. 만일 상사가 그렇게 한다면 구성원들이 그 사실을 파악하기란 시간문제이다. 언젠가는 모두가 알 수밖에 없다. 일반적으로 조직수준 신뢰는 "조직의 공공정책 실행이나 의도에 대한 구성원들의 긍정적인 기대를 바탕으로 한다. 구성원들이 자신에게 미칠 수 있는 위험부담을 기꺼이 수용하려는 심리적 상태에서 조직에 대해 낙관적으로 기대하고 행동하는 것이다"라고 정의하고 있다. 그런데 상사가 조직구성원들을 신뢰하지 못하면 구성원들도 상사를 신뢰하지 못하는 결과를 초래한다. 나아가 조직구성원 간에도 서로 신뢰하지 못하게 된다. 그렇게 되면 조직 전체의 신뢰 수준이 저하되어 조직의 집단 응집력 및 조직의 유효성이 떨어진다.

일반적으로 집단 응집력을 "공동목적을 달성하기 위하여 단일 단위로서 사고하고 행동하는 집단의 힘"이라고 정의한다. 그런데 집단응집력이 떨어지면 구성원들을 결속시키는 힘이 자연적으로 떨어지게 된다. 집단 응집력이 떨어지면 조직 성과가 좋지 않게 나오는 것은 자명하다. 그러나 집단응집력이 높아지면 구성원 간 상호작용의 빈도가 높아지고, 그 결과 구성원 상호간에 미치는 영향이 커지며 업적 성취도에 큰 영향을 미치게 된다. 결론적으로 조직의 신뢰에는 상사의 구성원에 대한 신뢰와 믿음이 무엇보다 중요하다. 상사가 구성원을 신뢰하면 구성원도 상사를 신뢰하고, 조직 구성원 상호 간에도 신뢰가 쌓이게 된다. 그렇게 되면 조직신뢰 수준과 집단응집력이 높아져 조직의 성과와 생산성 향상으로 이어지는 것은 틀림없는 현실이다.

09

일방적인 자기 이야기로
회의를 이끌어가는 상사

일방적인 자기 이야기만으로 회의를 이끌어가는 상사는 절대 조직구성원의 잠재역량을 이끌어낼 수 없다. 그러한 리더는 그 조직구성원들이 자신들의 생각을 얘기하기를 저해하는 주요인으로 작용하기 때문이다. 회의란 동일한 목적을 가진 사람들이 한자리에 모여 서로 의견과 정보를 교환함으로써 목적달성을 위한 최선의 결론을 이끌어내는 민주적인 과정이다. 회의는 조직 관리자가 관리기능의 모든 국면에서 전원의 의견을 통합하고 결론에 도달하는 데 있어 효과적인 수단이다.

회의의 첫 번째 목적은 여러 사람의 중지를 모으는 데 있다. 그런데 여러 사람의 의견과 능력을 무시하고 혼자서 생각하고 어떤 사항을 결정해나가는 방법은 바로 독재이다. 회의의 두 번째 목적은 친밀한 인간관계를 만들고 새로운 아이디어를 발굴하는 데 있다. 서로가 이야기를 교환함으로써 인간관계도 맺고 상대편의 입장도 이해하며 자기 입장도 이해받게 된다. 그런데 리더의 일방적인 지시형 회의나 의견전달 회의는 이 같은 조직 내 인간관계는 물론 조직 분위기를 해치는 주요인으로 작용한다. 마지막으로, 회의는 항상 준비되어 있어야 한다. 막연한 회의 소집은 혼란을 가져오기 쉽다. 또한 너무 일방적이고 강압적인 회의는 반발 이외에 얻을 것이 별로 없다.

조직구성원들의 잘못을 꾸짖는 데 회의 시간을 허비해버리는 리더들도 많다. 구성원들은 리더의 질책성 질문에는 근본 원인을 찾는 답보다는 그 상황을 모면하려는 책임 회피형 답을 하기 십상이다. 그러한 답변의 책임은 리더에게 있다고 봐야 한다. 구성원들의 의견을 들을 준비가 안 되어 있는 리더의 책임이 매우 크다. 리더가 구성원들의 의견을 무시하고, 부정적 피드백, 개인적인 약점을 들추는 회의를 하는 결과물인 것이다. 이러한 리더들은 대체로 회의를 일방적인 자기 얘기로 끌어가는 경향이 매우 강하다.

리더가 일방적으로 얘기하는 회의 분위기에서는 구성원들은 자신의 생각이나 판단을 쉽게 이야기하지 않는다. 그래서 리더는 구성원들이 가지고 있는 고민이나 애로사항을 이해하지 못하는 우를 범하게 된다. 따라서 리더들에게는 구성원들의 이야기를 경청하는 가운데 문제의 해결책을 찾아 긍정적 피드백을 하는 게 매우 중요하다. 이때 리더는 자신이 생각하는 답을 주기보다는 구성원들이 생각하는 해결방안을 내놓도록 유도하는 게 바람직하다. 그래야 구성원들이 가지고 있는 근본적인 문제의 원인을 발견할 수 있다.

리더에게 조직구성원들에 대한 의견을 경청하는 자세가 결여된 주된 요인은 무엇인가? 자신의 경험이나 생각이 문제 해결의 근본적인 해결책이라고 생각하기 때문이다. 그러한 회의 분위기에서는 구성원들이 자유스럽게 말하는 게 부자연스러울 수밖에 없다. 리더가 자신의 생각과 다르다고 생각되는 구성원의 말에는 즉각 부정적인 피드백을 주는 경향 때문이다. 따라서 리더에게는 구성원들의 이야기가 자신의 생각과 다르다고 바로 이야기하지 않고 구성원의 이야기를 끝까지 경청하는 자세가 중요하다. 그래야 구성원들은 자신이 일을 하면서 느낀 문제점을 중심으로 해결방안을 제시하는 적극적인 회의 참여자가 될 수 있다.

물론 그동안의 연륜에서 쌓아온 리더의 경험이나 노하우는 결코 무시할 수 없는 귀중한 자산이다. 그 경험이나 노하우는 조직의 유효성증대에 매우 가치 있게 쓰일 수 있는 것이다. 리더는 자신이 가지고 있는 경험, 지식, 노하우를 구성원들에게 효율적으로 전달하는 훈련을 할 필요가 있다. 같은 이야기라도 어떻게 말하느냐에 따라서 듣는 사람들의 입장에서는 크게 달라질 수 있기 때문이다.

그래야 리더의 소중한 이야기들이 구성원들에게 잔소리로 들리지 않고 설득력 있게 전달될 수 있다. 대부분의 리더는 그동안 쌓아온 경험과 지식들이 머릿속에 가득 차 있어, 그걸 쏟아내고 싶은 욕구를 지니고 있다. 그래서 회의시간에도 구성원들에게 이야기를 해주어야 직성이 풀리는 사람들이 대부분이다. 그러나 회의시간에는 참아야 한다. 구성원들에게 꼭 해주고 싶은 이야기들은 모아서 별도 교육시간을 마련해 전달하는 게 바람직하다.

회의시간에는 구성원들이 생각이나 판단을 자유스럽게 이야기할 수 있는 멍석을 깔아주어야 한다. 때론 구성원들이 하는 이야기가 맘에 들지 않더라도 들어주는 자세가, 리더가 구성원의 창의력을 개발하는 데 매우 중요하다. 구성원들의 이야기를 들은 다음에는, 긍정적인 부분을 먼저 피드백해주는 게 바람직하다. 반면 부정적인 부분은 잘못된 점을 콕 찍어 이야기하지 말고, 잘된 점과 아울러 개선점을 이야기해주는 게 좋다.

리더는 구성원들이 업무에서 결과가 좋지 않은 이유를 말할 때, 대부분 끝까지 경청하지 않거나 말을 자르고 개입하려고 한다. 그리고 구성원들의 의견에 대한 분석보다는 좋지 않은 결과에 대한 리더의 생각만으로 불만을 표시하는 게 대부분이다. 더구나 꾸중하고, 때론 호통을 치기도 한다. 그러면 분위기는 조용해지고 오직 리더의 큰소리만 회의실을 가득 메우게 된다. 이때 리더가 말하는 데 어느 구성원이 리더의 말을 자르고 자신의 의견을 개진하기라도 하면 회의실 분위기는 더 험악해지기 일쑤이다. 리더가 말하는데 중간에 끼어들어 말하는 구성원에게도 이유는 있다. 너무 일방적인 리더의 얘기에 답답해서 끼어든 것이다. 일방적인 자기얘기로 회의를 이끌어가는 리더에 대한 불만을 토로한 것으로 보아야 한다. 오죽 답답했으면 그랬겠는가? 다른 구성원들도 이야기하고 싶지만 용기가 없어서 입 다물고 있다는 사실을 리더는 알아야 한다.

칭찬은 많은 사람 앞에서 하고 꾸중은 사람들이 없을 때 가능한 단둘이 있을 때 하는 게 좋다는 얘기를 많이들 한다. 하지만 리더들은 이 말을 자주 망각하거나 그 중요성을 간과하고 실수를 범하곤 한다. 리더들은 공식적인 회의에서 조직구성원들을 꾸중하는 것도 조직을 발전시키고 더 높은 성과를 만들어내기 위한 하나의 방편이라고 생각할 수도 있다. 그런데 절대 그러한 행위는 조직을 발전시키고 성과를 높이는 데 도움이 되지 않는다. 리더 앞에서는 순종하고 변화되는 모습으로 비춰질지 모르지만 절대 아니라는 것이다. 근본적인 변화는 같이 고민하고, 같이 해결책을 모색하는 데서 이루어질 수 있다. 조직 내에서 서로 도움을 주고 지원해주는 따뜻한 분위기가 근본적인 변화를 가져와, 성과향상에도 기여한다. 꾸중보다는 칭찬이 더 많은 회의가 조직구성원들을 회의에 적극적으로 참여시키고 사기를 높이고 귀속의식을 강화할 수 있다.

회의 시 리더는 내용에 대한 충분한 검토와 식견을 가지고 임해야 한다. 회의 참가자의 생각을 존중하고 신뢰감을 주어 회의에 적극적으로 참여하도록 하여야 한다. 또한 회의 참가자의 적극적인 참여와 참가자를 이해하는 분위기를 조성할 필요가 있다. 참가자 전원이 회의에 적극적으로 참여하도록 하기 위해서 적절한 동기부여와 격려가 필요하다.

또한 리더는 결론에 대해 정리하고 결정하는 역할을 해야 한다. 이같이 회의를 통해 성공적인 결과를 도출해내려면 리더의 역할이 무엇보다 중요하다. 그런데 리더가 일방적인 자기얘기로 회의를 이끌어 가게 되면 조직구성원들의 회의에 대한 참여의식이 떨어지게 된다는 사실을 다시 상기할 필요가 있다. 리더의 이러한 행태가 반복되면, 조직구성원들의 회의에 참여하는 자세가 진지하지 못해 회의준비가 소홀해지게 되는 결과를 초래한다. 그렇게 되면 회의에서 얻고자 했던 소기의 목적을 달성할 수 없다. 나아가서는 그러한 행태가 회의뿐 아니라 조직발전을 저해하는 주된 요인으로 작용한다.

그 밖에도 리더가 회의에서 관심을 가져야 할 사항은 참가자 전원에게 골고루 발언 기회를 주어야 한다는 점이다. 그래야 다양한 의견을 들을 기회를 마련할 수 있다. 최적의 결과를 도출해내는 가장 좋은 방법이다. 또한 토의를 원활하게 이끌기 위해서는 회의 참가자의 사고를 지배하려 하거나 논쟁에 무리하게 개입하지 않도록 하는 것도 매우 중요하다. 구성원들이 스스로 말하려 하지 않고 입을 닫아버리는 결과를 초래하기 때문이다. 특히 리더는 여러 사람 앞에서 자신의 생각을 쉽게 말하지 못하는 구성원에 대해 배려해야 한다. 구성원들이 자연스럽게 자신의 의견을 말할 수 있는 분위기를 조성하는 것도 리더가 회의 및 조직생활에서 빠뜨려서는 안 될 중요한 항목 중 하나이다.

10

조직관리의 성공에 대한
신념이 약한 상사

조직관리의 성공에 대한 신념이 약한 상사는 자리를 떠나야 한다. 리더가 조직관리의 성공에 대한 확신이 없다면 조직구성원들의 가슴을 움직일 수 없기 때문이다. 구성원들의 조직 몰입은 조직 성공의 원천이다. 조직구성원들은 리더의 신념을 금방 알아차린다. 리더가 조직운영의 성공에 대한 신념을 가지고 있는가? 또 그 신념을 현실화 시킬 구체적 비전이 있는가? 그 비전을 달성할 나름대로의 능력과 열정을 갖고 있는가? 리더가 구성원들의 가슴을 움직일 뜨거운 가슴을 지니고 있는가? 리더의 이러한 것들에 의해서 구성원들은 움직인다. 리더가 아무리 뛰어난 비전, 능력, 열정을 갖고 있어도 조직구성원들의 가슴을 움직일 뜨거운 가슴을 지니고 있지 못하면 그 효과는 현저히 줄어들게 마련이다.

그러면 조직관리의 성공에 대한 리더의 신념은 어디서 나오는가? 리더가 가지고 있는 확실한 비전과 자신이 지니고 있는 능력과 열정, 그리고 사람을 사랑하는 뜨거운 가슴이 있으면 자연적으로 샘솟는 부분이다. 따라서 어느 조직의 리더로서 일하도록 임무를 부여 받았다면 반드시 자문해보아야 한다. 나는 이 조직을 성공조직으로 만들어낼 비전, 능력, 열정, 그리고 뜨거운 가슴을 지니고 있는가? 리더는 이 물음에 확실히 답할 수 있어야 한다. 여기에 조직구성원들의 존경을 받을 수 있는 또 하나를 더한다면 리더의 투명성이다. 조직을 투명하게 끌고 가겠다는 의지를 실현할 수 있는 도덕성과 인간성을 지녔다면 금상첨화라 하겠다.

리더의 권위는 조직이 부여한 직책에 의해 부여되는 권위가 아니다. 조직구성원들이 믿고 따르는 존경에서 비롯되는 권위가 조직을 이끌어가는 진정한 권위이다. 그러기 위해서 리더는 스스로 자기반성의 시간을 자주 가져야 한다. 그래야 조직구성원들이 무엇 때문에 신음하고 아파하는지 알 수 있다. 그러나 자기 자신을 비판하는 것은 생각보다 어렵다. 그렇기 때문에 개방적인 태도, 즉 포용적인 자세로 자기반성의 시간을 가질 필요가 있는 것이다. 때론 리더의 강한 신념이 오만이나 고집등과 불명확한 경계를 드러내는 경우가 있다. 리더가 자신의 신념을 과신한 나머지 조직구성원들의 입장은 고려하지 않고 무조건 '나를 따르라' 형 리더십을 발휘한다면 역효과를 가져올 확률이 매우 높다. 조직을 유지, 존속, 발전시키는 데 있어서 이 같은 리더십은 오히려 부작용을 낳게 되는 경우가 많다. 조직관리에 대한 신념이 강한 나머지 조직구성원들을 조직의 목적을 구현해내는 도구로 인식해서는 안 된다.

리더가 가지고 있는 조직관리의 성공에 대한 확신도 중요하지만 더 중요한 건 리더가 헌신하는 모습을 보여주는 것이다. 즉 섬김의 모습을 보여야만 조직구성원들이 따르고 함께 하나의 목표에 집중하고 나아갈 수 있다. 강력한 결집력을 갖게 되는 것이다.

리더의 신념은 조직을 발전시키고 조직을 오래 존속시키는 중요 요인임에는 틀림없다. 그러나 그 신념은 새로운 변화에 적극적으로 대응할 때 실현 가능성이 높아진다. 다가올 미래를 전망, 대비할 수 있는 능력을 갖추는 것까지 포함됐을 때 더 큰 힘을 발휘한다. 위협요인은 빠르게 변화하는 환경으로부터 발생한다. 우리가 지속적으로 성장하려면 변화의 움직임을 감지, 그 흐름을 이해하고 변화해야 하는 이유이다. 그 선두에는 신념이 강한 리더가 있어야 한다. 신념이 강한 리더가 그 변화의 파고를 구성원들과 함께 넘을 수 있기 때문이다. 리더는 구성원들이 그 변화에 적극적인 참여자로 동참하도록 구성원들의 가슴을 움직여야 한다. 그러려면 강한 신념에 도전정신과 열정, 실행력, 나아가서는 도덕성과 따뜻한 인간미가 있어야 한다. 또한 실패했을 때 툭툭 털고 일어서는 회복력은 구성원들에게 큰 용기를 줄 것이다. 리더는 '두뇌는 가슴

이 명령하지 않으면 바꾸기 어렵다'라는 말을 가슴에 새길 필요가
있다.

피터드러커(Peter Drucker)는 미래경영(Managing for the Future)
에서 "지식시대에서는 기업 내에서 상사와 구성원의 구분도 없어지
며, 지시와 감독이 더 이상 통하지 않을 것"이라고 말했다. 관리자
는 지배하려 하고 리더는 신뢰로 이끌어 간다는 말에서처럼, 진정한
경영자의 리더십은 따뜻한 마음으로 신뢰를 구축하여 영향력을 행
사하는 리더십이다. 즉 구성원을 섬기는 리더십이라는 점이다.

모든 리더십은 신뢰가 생명이지만, 특히 서번트 리더십은 신뢰
와 믿음이 뒷받침되어야 한다. 따뜻한 마음과 인간에 대한 깊은 애
정이 필요하다. 진정한 서번트 리더는 섬기려는 마음이 모든 것을
우선하는 리더이다. 이 리더십은 사람에 대한 따스한 사랑을 요구
한다. 근본적으로 인간존중의 정신이 뒷받침되지 않고서는 서번트
리더의 자세를 장기적으로 견지하기란 불가능하다. 많은 것을 포
용할 수 있는 넓은 도량과 인간존중의 사랑만이 이 서번트 리더십
을 가능하게 한다. 서번트 리더십은 조직 상황에 맞게 탄력적으로
적용하는 점, 기존의 일방적, 획일적 방식에서 벗어나 구성원을 중
심에 두는 리더십이다. 구성원에게 스스로 주인의식, 직무몰입을
유도하게 한다는 점에서 그 의미가 크다. 또한 서번트 리더십은 최
근 강조되는 조직 유연성에도 잘 적용된다.

구성원에게 리더가 존경받지 못하는 조직은 문제가 있다. 구성원들에게 존경받는 리더는 자신의 이익이나 욕구보다는 구성원의 이익이나 욕구를 가장 우선시하는 리더이다. 그리고 구성원들에 대하여 어떠한 사심 없이 순수한 동기에 기인하여 관심과 배려를 보여주는 리더십이다. 때로는 개인적인 희생도 감수할 수 있는 리더십이다. 서번트 리더십은 리더의 역할을 구성원들을 통솔하고 이끌어내는데 초점을 두지 않는다. 구성원들의 감정치유를 돕고 도움을 제공하고 구성원들을 최우선시하는 등 리더의 행위에 주된 관심을 둔다.

세계에서 가장 일하기 좋은 다국적 기업 1위로 꼽히고 있는 SAS(쌔스)는 열린 커뮤니케이션, 의욕적인 업무환경, 관대한 복지 및 일과 삶의 균형 등을 높이 평가받는 기업이다. SAS의 짐 굿나잇 회장은 "SAS의 기업철학중 중요한 부분은 여기에서 일하는 직원들을 믿는 것이다. 만약 직원들이 발전할 것이라고 믿고 진심으로 대우한다면, 직원들은 그 기대에 맞추어 스스로 성장하고 발전하기 위해 노력할 것이다. 회사가 성장하기 위해서는 고객이 있어야 한다. 그리고 그 고객을 만족시킬 수 있는 사람은 바로 직원들이다. 회사의 리더라면 이 점을 절대 잊지 말아야 한다. 가장 좋은 고객 관리란, 업무에 뛰어나고 자신의 일을 즐기는 직원을 회사에 붙잡아두는 것"이라며 리더의 역할을 강조했다. 유가에서는 '사람을 감복시키는 것'을 사람 다스리는 으뜸책략으로 중시했다. 요즘 기업에서의 리더십은 강력한 카리스마적 리더십보다는 기업구성원들의 입장과 생각을 주의 깊게 관찰하고 그들과 끈끈한 인간관계를 형성할 수 있는 리더십이 크게 요구된다. 남을 섬기는 리더십이야말로 21세기 사회가 필요로 하는 중요한 리더십이다.

조직관리의 성공에 대한 확신이 강한 리더들은 공통적으로 구성원들을 섬기는 데 매우 익숙하다. 다시 말해 권위주의에 사로잡혀 있지 않으며, 조직관리에 매우 유연한 사고를 가지고 있다. 권위주의적이고 조직관리에 경직된 사고를 갖고는 변화하는 기업환경에 적극적으로 대처할 수 없기 때문이다.

몇 년 전 구글의 인재들이 페이스북으로 이직하고 있다는 내용이 뉴욕타임스에 대서특필된 적이 있다. 꿈의 직장이라고 불리던 구글에서 수많은 우수한 인재들이 왜 떠나갔을까? 두뇌유출이 발생한 이유는 다름 아니라 구글의 규모가 커지면서 나타난 조직의 관료주의, 권위주의였다고 한다. 관료주의의 가장 큰 폐해로, 조직의 원활한 커뮤니케이션을 저해하는 결과가 나타났기 때문이다. 관료주의, 권위주의의 가장 큰 폐해는 그러한 경영자, 리더들 앞에서 구성원들은 입을 닫아버리는 결과를 초래한다는 것이다. 관료주의, 권위주의적인 경영자, 리더들은 구성원들의 말을 들을 준비가 안 되어 있기 때문이다. 이 같은 결과로 조직 내 관료주의는 일의 속도가 느려짐은 물론 일의 창의성과 혁신성을 떨어뜨린다는 점을 기업의 경영층, 리더들은 다시 한 번 상기해볼 필요가 있다.

조직 내 경영층, 리더들은 조직내 관료주의, 권위주의는 이제는 구시대 산물이라는 걸 반드시 알아야 한다. 조직내 관료주의, 권위주의가 조직구성원들의 자기효능감을 떨어뜨린다는 사실을 깨달아야 한다. 그것이 결국은 조직의 유효성을 저해하는 가장 큰 장애요인임을 망각해서는 안 된다. 최고경영자는 아직도 관료주의에 빠져있는 리더가 조직 내 존재하는지 돌아봐야 한다. 아무리 조직 성공에 대한 확신이 강한 리더일지라도 관료주의 앞에서는 무용지물이기 때문이다. 최고경영자 자신부터 관료주의, 권위주의에 빠져 있지 않은지 돌아볼 때이다.

PART
03

구성원의
자기효능감을 키워라

01

구성원의 자기효능감이
조직을 성공으로 이끈다

리더의 감성 리더십이 구성원들의 자기효능감을 키운다.

요즘 입사경쟁이 치열한 만큼, 각 기업에는 어느 정도 잘 다듬어지고 우수한 인재들이 채용되고 있다. 그런데 그렇게 공들여 채용한 인재들이, 그렇게 힘들게 입사한 인재들이 기업에 오래 몸담지 않고 떠나가고 있다. 왜일까? 요즘 기업에는 신입사원 뿐 아니라 기존사원도 우수한 구성원들이 아주 많다. 성공적인 업무수행에 필요한 실행력, 정서적, 인지적 자원을 바탕으로, 주어진 업무뿐 아니라 일을 창조적으로 수행해내는 구성원들이다. 자신의 능력에 대해 확신이 강한, 즉 자기효능감이 강한 구성원들이 매우 많다.

이런 직원들이 기업을 떠난다면 리더의 책임이 매우 크다. 이렇게 자기효능감이 높은 직원들과 제대로 소통하지 못한 결과이다.

직원들의 감성을 이해하지 못하고, 배려하지 못하고 구성원들과 긍정적인 관계를 유지하지 못하는 건 리더의 문제다. 그래서 요즘 구성원들의 자기효능감을 키울 수 있는 리더의 감성리더십이 무엇보다 중요하게 대두되고 있다. "상대방을 '안다'는 것은 서로 '관계가 있다'는 것입니다. 관계가 없이도 인식할 수 있다는 것은 근대 사회의 오만한 허위의식이지요"라고 한 어느 교수의 말을 상기해본다.

21세기 들어 급격하게 글로벌화가 진행되고 지식의 중요성이 대두되면서 기업들 간 경쟁이 매우 치열해지고 있다. 이에 기업들은 치열한 경쟁에서 이기고 성장 발전하기 위해 창의력을 바탕으로 한 창조경영을 부르짖고 있다. 창조경영은 새로운 패러다임의 변화이고, 창조적 인재를 양성하여 더 나은 부가가치를 창출하는 새로운 경영방식이다. 이러한 창조경영과 창조성 있는 인재를 키우려면 조직문화와 리더의 역할이 중요하다. 리더의 바람직한 리더십이 무엇보다 필요한 시점이다. 그중에서도 리더의 감성리더십이 더욱더 중요하다. 리더의 감성리더십은 구성원들의 감정이해, 편안한 소통, 도전에 대한 심리적 안정감을 제공함으로써, 창조적인 성과 창출의 기반을 마련할 수 있다.

조직의 유효성을 극대화하려면 구성원들의 자기효능감을 키워줄 바람직한 리더십 정착이 중요하다. 바람직한 리더십 정착을 위해서는 경영층의 관심뿐 아니고 행동으로 보여주는 실행력이 무엇보다 필요하다. 최고경영층이 임원들을 대하는 자세가 그대로 조직구성원들에게 전달되기 때문이다. 최고경영층부터 임원들의 감정이해, 편안한 소통, 스스로 책임감을 가지고 도전할 수 있도록 배려해야 한다. 최고경영층이 임원들에게 큰소리로 야단치고 나무라는 분위기인지 돌아봐야 한다. 만일 그러한 분위기라면 틀림없이 임원들도 단위조직을 이끌어갈 때도 마찬가지로 그렇게 하고 있을 것이기 때문이다. 더 큰 문제는 이러한 상황을 아무렇지 않게 받아들이는 조직의 분위기이다. 개선하기가 더 힘들어진다. 오랫동안 굳어온 조직의 분위기에 점점 더 익숙해지고 만다.

그러한 조직에서는 부서장들을 배려하고 진정으로 소통하려고 노력하는 임원, 구성원들을 인간적으로 아끼고 보듬어 주는 부서장들이 무능한 리더로 간주되기 쉽다. 조직의 성과, 유효성이 떨어지는 것은 조직을 그렇게 끌고 가는 임원, 부서장의 잘못이 아닌데 말이다. 큰소리치고 야단치고 조직을 공포스럽게 몰고 가는 리더를 오히려 치켜세우는 경영층의 잘못이 일차적인 책임이다. 다음은 그걸 따라하는 독불장군형 임원들이다. 요즘 기업은 구조조정, 성과 제일주의 등으로 인해 구성원들이 지나친 스트레스를 받아, 정서적인 소진상태인 직무소진을 경험하고 있다. 무엇보다 구성원들을 세심하게 배려하여 자기효능감을 키워야 할 때이다.

리더와 구성원들과의 바람직한 교환 관계가 구성원들의 자기효능감을 키운다. 구성원들이 스트레스로 정서적 소진상태인 직무소진에 빠져있을 때 대부분의 리더들은 그것을 인지한다. 그리고 그 구성원들이 직무소진 상태에서 빠져나올 수 있도록 나름대로 노력한다. 업무 부적응일수도 있고, 동료관계가 문제일수도 있고, 리더의 본인 문제일수도 있고 가정 문제나 개인 문제일수도 있다. 그런데 리더가 가끔 착각에 빠질 때가 있다. 구성원이 그런 직무소진에 빠져있을 때 성공적으로 코칭했던 기억이 먼저 스친다. 그래서 꼭같은 방법으로 그 구성원에 대해서도 코칭을 하게 되는 경우가 많다. 여기서 리더가 반드시 깨달아야 할 점이 있다.

조직구성원의 수만큼 리더와 구성원과의 관계가 형성된다는 사실을 알고 각 구성원에 알맞은 교환관계가 이루어져야 한다. 한 조직의 리더는 각각의 구성원들에게 서로 다르게 행동할 뿐만 아니라 구성원 역시 리더와의 관계를 서로 다르게 지각한다. 서로 다른 리더, 구성원 간에는 쌍방향의 고유한 관계 형성을 맺는다. 다시 말해 리더, 구성원 간 교환 관계는 리더가 구성원들을 다르게 대할 수 있고, 일부 구성원들은 타구성원들보다 혜택을 덜 받고 있다고 느끼는 결과로 이어질 때도 있다.

그래서 리더, 구성원 간 교환 관계 이론은 리더의 특성과 행동에 초점을 두는 것이 아니라, 리더와 구성원 간 관계에 더 초점을 두고 있다. 또한 리더, 구성원 간 교환 관계가 리더와 구성원 간 개별 관계의 특성을 중요하게 고려하고 있다는 점이다. 과거의 집단 수준에서 일어나는 현상만을 가정한 평균적 리더십 유형에서 탈피하고 있는 것이다. 리더와 구성원 교환 관계는 네 가지 하위 요소로 구분되는데, 정서적 유대감, 충성, 공헌, 전문성 존경으로 나뉜다. 먼저 정서적 유대감은 리더와 구성원이 일이나 전문적인 가치보다 기본적으로 인간적인 매력에 근거한 상호 애정을 뜻한다.

충성은 리더와 구성원이 서로의 행위와 특성에 대해 공개 지지하는 정도를 의미한다. Liden(1986)은 충성을 기본적으로 외부 압력이나 공격에 있어 서로를 보호해주는 정도라고 보고, 이는 리더와 구성원의 공개적인 지지나 상징적 행동으로 나타난다고 했다. 따라서 충성은 리더, 구성원 간 교환 관계를 유지하고 개선하는 데 중요한 역할을 한다. 세 번째 공헌은 상호 공동의 목적을 위해 구성원 각자 일과 관련한 활동에 노력한 양과 방향, 질에 대한 인식을 의미한다. 공헌은 주로 일과 관련된 수행을 통해 정의되는데, 특히 리더가 구성원의 성과를 평가하면서 시작된다. 즉 최초의 리더와 구성원의 관계는 일의 수행을 통해 시작된다. 이때 구성원이 리더가 기대하는 수준을 수행하게 될 때, 리더는 구성원과 긍정적인 교환 관계를 맺는다.

마지막으로 전문성 존경은 조직 내, 또는 외부에서 리더가 뛰어난 업적에 대해 쌓아온 명성에 대한 인지를 의미한다. 전문성 존경은 기본적으로 리더가 쌓아온 경력에 기초한다. 주로 리더와 구성원 간 개인적인 경험, 조직 내, 외부에서 리더에 대한 평가, 리더의 전문성 등이 영향을 미친다.

구성원의 자기효능감을 키우려면 위에서 언급한 리더와 구성원 간 바람직한 교환 관계 모두가 중요하다. 그중에서도 첫 번째 정서적 유대감은 리더, 구성원 간 교환 관계를 더 밀접하게 할 뿐 아니라 지속할 수 있게 하므로 아주 중요하다. 정서적 유대감이 없으면 충성, 공헌, 전문성 존경에 대한 효과가 떨어질 뿐 아니라 아주 좋지 않은 영향을 미칠 수도 있다. 조직 생활을 하다 보면 일의 성과에 집착한 나머지 구성원들과 정서적 유대감 형성에 소홀해서 조직 분위기를 망치는 리더들을 자주 본다. 리더에게는 무엇보다 구성원에 대해 깊이 배려하는 자세가 필요하다. 감성을 이해하고, 긍정적인 관계를 유지하는 것이다. 심리적인 안정감을 갖고 일에 도전하게 함으로써 조직의 성과는 자연적으로 배가되기 때문이다. 이때 중요한 것은, 구성원 개인의 감성, 특성, 그리고 상황에 맞는 리더와 구성원 간 교환 관계가 이루어지도록 하는 세심한 관심과 애정이다.

02

구성원에게 할 수 있다는
자신감을 심어주라

리더의 신뢰와 존중을 바탕으로 한 세심한 감성적인 배려가 구성원의 자신감을 키운다.

리더는 구성원에게 할 수 있다는 자신감을 심어줘야 한다. 조직에서 리더들은 구성원들에게 긍정적인 에너지를 줄 수도 있고, 부정적인 영향을 줄 수도 있는 중요한 위치에 있다. 구성원들에게 할 수 있다는 자신감을 심어주려면 잘하는 일에 대해서는 칭찬을 아끼지 말아야 한다. 또한 잘못한 일에 대해서는 더 잘할 수 있도록 용기를 불어 넣어주어야 한다.

뛰어난 리더들에게는 높은 수준의 감성 지능이 발휘되며, 감성 지능이 높은 리더에게서 리더십 유효성이 더욱더 높게 나타난다고 한다. 최근 들어 합리적이고 이성적인 부분들만 강조하는 리더들보다 감성적이고 구성원들을 따뜻하고 인간적으로 배려하는 리더들의 리더십이 더 주목받는 이유다. 또한, 조직의 유효성 측면에서도 더 효과가 있다고 한다. 구성원에게 자신감을 심어주려면 채찍보다는 배려와 격려가 더욱 필요할 때라는 증거이다. 그러려면 리더에게도 감성 리더십을 배양할 훈련도 필요하다.

한 고객이 경쟁사의 어느 지점을 방문했다. 현장에서 일하시는 분이라 신발에는 흙이 묻어 있었고 옷차림은 현장에서 입는 작업복이었으니까 조금 남루해 보였을지도 모른다. 차를 타보겠다고 하니 직원이 싫은 표정을 지었다고 한다. 그래서 그 매장을 나와 저자가 근무하는 지점을 방문해서 영업 직원에게 똑같이 질문했다고 한다. 그러자 영업직원은 문까지 열어주면서 "신발에 흙이 묻었으면 어떻습니까? 청소하면 되니까 걱정 말고 타보시지요."하며 승차를 도운 뒤 열심히 설명해주고, 차에서 내리자 문을 닫아주고, 상담탁자로 안내해 친절한 설명을 이어갔다고 한다. 그래서 바로 계약하고 그 이후에도 현장 작업자 여러분을 소개해줘 차량 여러 대를 그 직원에게 계약 하게 되었다.

'고객은 왕이다. 고객이 감동할 수 있도록 최선을 다해서 모셔라.' 영업현장에서 흔히 듣는 얘기이다. 그런데 리더에게서 인간적으로 배려받지 못하는 조직구성원들이 고객을 왕처럼 모실 수 있을까? 리더의 따뜻한 보살핌을 받지 못하는 조직구성원이 고객을 감동으로 대할 수 있을까? 사랑을 받는 사람이 사랑을 베풀 수 있다는 사실을 리더들은 상기해야 한다.

기업을 대상으로 한 연구에서 업무에서의 성공 요소를 파악한 결과, 지능 지수만으로는 업무 성과를 극대화하는 데 한계가 있다고 주장한다. 약 80%정도의 감성 지능과 20%정도의 지적능력이 조화를 이룰 때, 리더가 효과적으로 리더십을 발휘하고 업무 성과가 높아질 수 있다는 주장이다. 업무 성과를 높이려면 감성 지능을 바탕으로 한 감성리더십에 훨씬 큰 비중을 두고 조직을 끌어가는 자세가 필요하다는 것이다. 감성 지능이 뛰어난 리더는 타고난 성품만이 좌우하지는 않는다. 온화함과 같은 성품의 문제가 아니다. 구성원과의 관계 형성, 신뢰와 존중을 기본으로 하는 리더십 역량의 문제이다. 감성 지능은 개발 가능한 역량이기 때문에 지속적인 노력이 필요하다. 구성원에게 자신감을 심어주고 업무를 진취적으로 수행하게 하려면 상호신뢰와 존중이 바탕에 있어야 한다는 말이다.

최근 들어 리더의 감성 지능에 관한 연구가 학문적으로 실무적으로나 널리 이루어지고 있다. 최근 경영환경이 조직의 합리성만을 중시하는 게 아니라 조직운영의 유연성을 중요하게 다루고 있기 때문이다. 감성 지능은 자신의 한계와 가능성을 객관적으로 판단해 자신의 감정을 잘 다스리고 상대방을 진심으로 이해하는 능력이다. 궁극적으로는 타인과 좋은 관계를 유지할 수 있는 능력을 의미한다. 최근 조직구성원들이 다원화 되고 가치관이 급변하면서 구성원의 감정을 이해하려는 노력이 많이 이루어지고 있다. 구성원을 배려하며 구성원과 긍정적인 관계를 유지하기 위한 리더들의 감성 지능에 대한 관심이 어느 때보다 높아지고 있다는 증거이기도 하다. 그래야 궁극적으로는 구성원에게 자신감을 심어주고 업무효율을 높여 조직의 유효성 증대에 기여할 수 있기 때문이다.

이제 조직에서 리더들도 구성원들의 희생과 소진을 바탕으로 조직의 성공을 이끌어가는 시대는 지났다. 구성원의 역량 강화와 성장을 이끌어내어 조직 목표를 달성할 수 있는 리더의 역할이 필요하다. 그러려면 구성원의 감성을 이해하고, 고충을 공감하는 리더의 구성원에 대한 세심한 배려가 매우 중요하다. 그것이 구성원에게 자신감을 심어주는 큰 디딤돌로 작용할 수 있다는 건 의심할 여지가 없다.

구성원의 자신감은 리더의 격려와 칭찬에서 비롯한다. 무슨 일이든지 잘 해낼수 있다는 자신감은 어떻게 형성되는가? 무엇보다 주위에서 보내는 격려와 칭찬이 최고의 묘약이다. 리더가 구성원을 진심으로 격려하고 작은 일에도 칭찬해주는 분위기가 조성된다면, 일에 있어 성공의 크기는 점점 더 커갈 것이다. 칭찬과 격려가 반복되면서 구성원의 자신감도 같이 커가기 때문이다. 그러다 보면 구성원 스스로 목표도 높게 설정하고 도전하는 습관이 몸에 밴다. 이때 리더가 목표를 더 크게 부여할 수도 있고 구성원 스스로 목표를 높게 설정해 도전하는 경우도 늘어간다. 목표를 높게 설정해 도전하다 보면 때론 실패하는 경우도 있다. 이 때 잠시 기다려주는 리더의 여유와 따뜻한 격려가 무엇보다 중요하다. 구성원에게 한 단계 더 도약할 수 있는 계기를 만들어주기 때문이다.

외로움은 혼자 견뎌야 하는 게 리더의 숙명인지도 모른다. 필자가 근무했던 영업현장은 하루하루 성과와의 전쟁이었다. 현장의 목표 달성이 곧 본사 영업 목표 달성에 직결된다. 하루 목표, 주간 목표, 월간 목표 달성이 모여 연간 목표가 달성된다. 목표에 미달되면 본사에서 전화, 메신저, 화상 통화가 수시로 계속된다. 이때 고성이 오가는 소리가 전화기 너머로 쩌렁쩌렁 울린다. 통화가 끝나고 조용히 전화기를 내려놓는다. 조용히 밖에 나가 담배 하나를 피우고 들어와 자리에 앉는다. 아무 일 없다는 듯이 조용히 업무를 한다. 그리고 구성원들과 대화 때도 큰 내색 없이 웃으며 얘기한다. 물론 현장의 영업성과에 대한 차질은 구성원 한사람, 한사람의 목표 차질이 주된 요인이다. 현장 전체 관리를 맡고 있는 관리자의 책임이 제일 큰 것은 두말할 필요도 없다.

조직구성원은 현장 관리자와 본사 임원과의 통화 소리를 들어 분위기를 감지한다. 조직구성원들도 감정을 가진 사람이다. 어찌 미안하지 않겠는가? 미안해 슬며시 자리를 뜨는 직원이 있는가 하면, 어떤 직원은 책상에 머리를 묻고 고개를 들지 못한다. 분위기를 바꾸기 위해 퇴근 시간에 직원들을 식당에 불러 모은다. 술잔을 기울인다. 영업 얘기는 일절 입밖에 꺼내지 않는다. 세상 돌아가는 얘기, 각자 개인사 얘기, 가벼운 얘기들로 분위를 바꾸려는 노력을 해본다. 분위기는 직원들이 더 잘 아는데 입 밖에 꺼내 도움이 될 게 없다. 이렇게 하루가 저물고 내일은 또 하루의 소리 없는 전쟁이 시작된다. 언제 그랬느냐는 듯 평온한 아침이다. 저녁에 또 어떤 상황이 전개 될지는 아무도 모른다. 그래도 리더에게는 때론 묵묵히 기다려주는 여유가 필요하다. 구성원에게 침묵으로 전해지는 메시지가 때론 더 강력하기 때문이다. 외로움은 혼자 견뎌야 하고, 기쁨은 구성원과 같이 나누는 것이 리더의 숙명인지도 모른다.

03

구성원에게 내적 유인체계를 사용하라

내적 유인체계는 구성원의 자율성에 영향을 미치는 최고의 동기부여 수단이다. 구성원의 자기효능감을 키우려면 내적 유인체계를 사용해야 한다. 동기부여는 개인의 자발적 행동의 방향, 강도, 지속성에 영향을 미치는 내부적 힘이다. 즉 개인에게 동기가 생기도록 유발하고, 목표를 향해 나아가는 자발적인 행동이 지속적으로 일어나도록 하는 심리 과정이다. 내적 동기부여는 다른 뚜렷한 보상 없이 자신이 맡은 일 자체에 내재된 즐거움이나 만족을 경험하기 위하여 직무를 수행하려는 내면 욕구이다. 과업을 수행하는 행위 그 자체로 인한 즐거움 등을 통해 그 일에 몰입하게 되는 경우다.

그래서 내적 유인체계, 내적 동기부여는 한 개인이 자기 행위에 대해 스스로를 인과 책임 소재로 인식한다는 측면에서 자율성이 강하다. 개인의 자율 욕구는 외부 압력, 또는 통제가 아닌 자신의 자발적인 선택에 의해 활동을 시도할 때 내적 동기부여를 유발한다. 내적 동기부여는 내재적 욕구를 어떻게 충족시켜 자발적인 행동으로 발현되도록 할 것인가가 주요 관심사이다.

인간은 스스로 역량을 발휘하고, 자기결정을 스스로 할 수 있는 역량, 즉 자기결정 욕구를 가지고 있다. 이것이 내적 동기의 근원이다. 즉, 역량욕구가 충족되면 개인은 자신에게 역량이 있다고 믿는다. 그렇게 되면 업무 자체를 즐거운 경험으로 인식하게 된다. 자신의 능력에 대한 자기효능감이 높은 경우 내재적 동기는 더욱 강하게 유발된다. 내적 동기부여가 이루어지려면 역량을 최적으로 발휘할 수 있는 도전적인 것을 추구하는 환경 조성이 우선해야 한다. 또한 지속적으로 리더, 구성원 간에 상호작용하면서 구성원이 역량을 경험하고 확인하게 하는 것이 중요하다. 이 같은 환경과 경험의 과정에서 흥미와 즐거움의 감정을 느낄 때 최상의 동기부여가 이루어진다.

조직구성원들이 직무환경을 자율적, 비통제적으로 지각할수록 내적 동기부여가 높아진다. 내적 동기부여가 높아지면 업무에 대한 열정과 흥미가 배가 된다. 그래서 조직에서 구성원이 이 같은 내적 동기부여를 받을 수 있도록 하는 리더의 역할이 매우 중요하다. 먼저 자율적으로 일하는 분위기 조성도 중요하다. 그리고 구성원과 상호 유대강화를 통해 구성원의 역량을 최대로 이끌어내어 경험하도록 배려하는 것 또한 빠뜨릴 수 없는 사항이다. 아울러 항상 도전적으로 일할 수 있게 해주고 즐겁게 일하는 분위기 조성 또한 필요하다. 그러면 구성원은 일의 반복 성공을 통해 자신의 역량에 대해 확신하게 된다. 그 확신은 더 큰 목표에 대한 도전으로 이어지고 또 다른 성공으로 이어지면서, 자기효능감은 더욱 커지게 될 것이다.

자기효능감이 높은 사람은 내재적 동기가 매우 강하다. 내재적 동기에 따라 일을 성취하는 습관을 갖게 되므로 통제적이고 비자율적인 간섭을 싫어한다. 그래서 구성원 가운데 자기효능감이 높은 사람에게, 어느 정도 통제적으로 일하는 습관이 되어 있는 사람과 꼭 같은 유인체계를 사용하면 안 된다. 자기효능감이 높은 구성원은 자율적으로 스스로 일하도록 배려하는 게 바람직하다. 자기효능감이 낮은 구성원은 대체로 외적 유인체계에 따라 움직이는데, 리더들은 그런 구성원까지 궁극적으로는 내적 동기부여로 움직이게 되도록 관심을 갖고 교육하고 훈련해야 한다.

구성원과의 정신적인 교감으로 내적 동기를 끌어낼 수 있다. '조직구성원의 수만큼 리더와 구성원과의 관계가 형성된다'라는 (Dienesh&Liden, 1986)의 말을 빌리지 않더라도, 요즘같이 복잡하고 다변화 되어가는 시대에는 개인의 사고방식이나 특성도 매우 다양하다. 개인이 쌓아가고 있는 본인만의 아성이나 고집도 너무 견고해져가고 있다. 누구든 본인만의 아성을 무너뜨리려 하거나 자존심을 건드리면 모르는 척 넘기는 사람을 찾아보기 힘들다. 그만큼 자기만의 세계, 자기만의 아성, 뚜렷한 주관 등으로 남의 의견을 순수하게 받아들이는 분위기는 사라져가고 있다. 각각의 구성원에 알맞은 교환 관계 및 교류가 이루어져야 구성원의 효율적인 내적 유인체계를 이끌어낼 수 있다. 내적 동기부여에 익숙한 구성원은 즐거움이나 만족을 경험하고자 직무를 수행하려는 내면 욕구가 매우 강하다. 따라서 그러한 구성원과는 정신적인 교감에 초점을 맞춰야 한다.

내적 유인체계에서 구성원의 자기결정 욕구를 충족시키는 것이 가장 중요하다. 그래서 구성원의 역량 발휘가 극대화되도록 하는 것이다. 그 과정이 반복되면 업무 자체를 즐거운 경험으로 인식하게 되어 자신의 역량에 대한 확신이 생긴다. 그러나 모든 구성원을 꼭 같은 방식으로 대해서는 안 된다. 어느 조직이나 리더와 구성원 간의 상호작용 유형에 따라 내집단과 외집단으로 유형을 구분할 수 있다. 내집단은 리더와 구성원이 서로 신뢰하고 존중하며 상대에 대한 의무감을 느끼는 수준이 매우 높은 것이 특징이다. 이와 달리 외집단은 리더와 구성원 사이에 신뢰, 존중, 의무의 수준이 낮다. 구성원에 대한 내적 유인체계가 효과적으로 발휘 되도록 하려면 외집단에 있는 구성원들을 내집단으로 끌어들이는 노력부터 기울여야 한다. 그러려면 외집단에 있는 구성원들과 리더와의 신뢰 회복이 선행되어야 한다. 또한 리더는 내집단에 속한 구성원과 외집단에 있는 구성원을 차별해서는 안 된다. 리더가 차별하게 되면 내집단, 외집단의 구성원 사이에 눈에 보이지 않는 벽이 생겨 조직 활성화에 큰 장애 요인으로 작용하기 때문이다.

특히 영업 현장에서는 성과가 좋은 구성원과 성과가 좋지 않은 구성원이 뚜렷이 구별된다. 모든 게 숫자로 나타나기 때문이다. 대체로 성과가 좋지 않은 구성원은 외곽에서 떠도는 경향이 있다. 바로 외집단의 그룹에 속한 직원들이다. 그 구성원은 대체로 피해의식에 사로잡혀 있다. 자신의 역량에 대한 과소평가는 물론이고, 성과가 좋은 구성원들을 따라갈 수 없다는 생각에 포기하고 현실에 안주해버리는 경우가 대부분이다.

그래서 계속 외집단에서 같은 부류의 구성원들과 어울리고 내집단에 있는 성과가 좋은 구성원들과는 쉽게 어울리지도 못하고 겉돈다. 그러한 구성원들에게 내적 유인체계가 먹혀들 리 만무하다. 그저 공허한 목소리로만 들리기 십상이다. 그래서 영업 현장의 리더는 앞서 강조했듯, 외집단에 있는 성과가 안 좋은 구성원과 신뢰를 쌓도록 노력하고, 같은 구성원으로서 차별받지 않고 있다는 믿음을 주도록 노력해야 한다. 그것이 조직 활성화를 통해 조직의 성과를 극대화할 수 있는 초석임을 알아야 한다. 내적 유인 체계는 눈에 보이는 물질적 유인체계에 비해, 동기를 유발할 수 있는 동기력이 훨씬 더 강하다. 물질적인 유인 체계는 일시적이지만 내적 유인 체계는 한번 닦아놓으면 지속력이 강하다. 내적 유인 체계는 리더와 구성원 간 물질적인 교환 관계가 아닌, 정신적인 유대 및 교환 관계에 근거하기 때문이다. 아무쪼록 리더는 쉽지 않더라도, 각 구성원 한 사람 한 사람에게 각 구성원에 알맞은 내적 유인 체계를 적용해 그 효과가 배가 될 수 있도록 해야 한다. 거기에 리더의 열정과 사랑이 전해지면 구성원이 언젠가는 리더보다 스스로, 먼저 움직이는 날이 올 것이다.

04

구성원에게 긍정적인 제약을 사용하라

구성원의 자기효능감을 키우려면 구성원에게 긍정적인 제약을 사용해야 한다. 조직이 기업경쟁력을 가지고 경쟁우위를 확보하려면 조직구성원 스스로가 긍정적인 변화를 주도하는 심리적 자본이 필요하기 때문이다. 구성원이 직무를 능동적으로 수행하는 내적 동기, 그리고 기분을 조절하고 통제하여 긍정적인 기분으로 유지할 수 있는 구성원의 역량이 중요한데, 여기에는 구성원에 대한 리더의 긍정적 제약이 핵심이다.

긍정적인 기분 상태인 사람은 행복한 사건을 더 많이 회상한다고 한다. 반면 부정적 기분인 사람은 슬픈 사건을 더 많이 회상하는 경향을 보인다고 한다. 일반적으로 사람들은 기쁜 기분이나 즐거운 기분과 같은 긍정적인 기분을 유지하고 싶어한다. 반면 슬픈 기분이나 화나는 기분과 같은 부정적인 기분은 감소시키려는 경향을 가진다고 한다. 긍정적 기분이 삶의 질을 결정짓는 중요 변수이기 때문이다. 긍정적 기분 상태에 있는 행복한 사건들을 반복 경험해 긍정적 기억들을 더 많이 회상하면, 삶의 만족도가 높아진다고 한다. 부정적 기분을 반복해 경험하는 사람에 비해 삶의 만족도가 더 높게 나타난다는 연구 결과와 밀접한 관계가 있다.

그런데 어떤 리더들은 부정적 제약을 사용함으로써 채찍질의 효과가 더 크다고 생각하는 리더들이 있다. 그러나 조직구성원들은 긍정적 제약에 사기가 높아지고 일에 대한 의욕이 더 고취되는 경향이 있다. 반면 부정적 제약에는 사기가 저하되고 일에 대한 욕구도 시들해진다. 조직구성원들이 긍정적 기분을 유지하도록 하려면 리더들은 긍정적 제약을 사용해야 더 효과적이다.

많은 연구 결과에서 조직구성원의 심리적 자본이 높을수록 내적 동기부여가 더 높게 나타나고 있다. 이러한 연구 결과는 희망, 낙관주의 등 심리적 자본의 수준이 높을수록 내적 동기부여를 유발한다고 제시한 연구 결과와도 연관성이 있다. 조직구성원의 심리적 자본이 높을수록 긍정적 기분이 높아진다고 보는 것이 일반 이론이다. 심리적 자본의 수준이 높은 사람은 긍정적 감정, 즉, 긍정적 기분을 유발하여 직무에 가치와 긍지를 유발하여 업무 성과도 높게 나타난다. 또 내적 동기부여와 긍정적 기분이 높은 사람일수록 그 역할 내 행동, 자기주도성, 직무만족도도 높다고 한다.

조직구성원들의 자발적인 자기주도성은 조직의 성과에도 큰 영향을 미친다. 그러므로 조직에서는 구성원들의 자기주도성에 영향을 미치는 긍정정서가 조직에 확산될 수 있도록 조직 차원에서 노력해야 할 필요가 있다. 조직은 구성원의 바람직한 조직행동을 촉진하기 위해 추상적이 아닌, 체계적인 노력을 해야 한다.

심리적 자본의 경우 교육훈련과 같은 개입활동 등으로 단기간에도 긍정적 심리 상태로 개발이 가능하다. 심리적 자본을 효율적으로 관리하면 구성원들의 집단적 긍정심리는 조직의 자원이 될 수 있다. 따라서 조직 관리자는 긍정적 심리상태인 조직 내 구성원들의 심리적 자본을 최대한 높이는 노력을 기울여, 조직 성과로 이어지도록 하는 관리가 수반되어야 하겠다. 긍정적 심리가 형성되면 구성원은 자신이 하는 직무에 대한 관심과 성취욕이 더욱 강화될 뿐 아니라 종국에는 조직 성과에도 긍정적 영향을 미치기 때문이다.

긍정의 힘은 20세기 말 '지는 해'로 비유되던 미국이 다시 떠오르는 태양처럼 역동적으로 변하고 있는 모습에서도 찾아볼 수 있다. 오늘의 미국이 있기 까지는 할 수 있다는 긍정의 힘으로 같이 동참해온 국민과 리더들이 있었기 때문에 가능했다. 그 긍정의 힘을 뒷받침해준 건 지금까지 민주주의를 지켜오고 키워온 자부심, 약자들에 대한 배려, 미국을 넘어선 세계에 대한 무한한 책임감과 포용력, 그리고 미래에 대한 끝없는 도전이었다.

　미국 오바마 대통령의 고별 연설의 마지막도 미국민들에게 긍정과 희망의 메시지를 전하는 인사가 장식했다. "We can do. We can did. We can do." 그가 대통령에 취임 연설에서 했던 희망의 메시지가 실현되는 순간이었고 미래의 희망과 새로운 도전을 알리는 순간이었다. 그는 세계의 대통령이었다. 성공한 대통령의 마지막은 여유가 넘쳐 났다. "Hello, chicago! It's good to be home!" 성공한 사람의 자랑스런 귀향, 여유가 넘치는 첫 인사말이었다.

　리더의 힘은 강함만이 아니고 때로는 구성원에 대한 따뜻함과 무한한 사랑에서 나온다는 걸 오바마의 고별 연설에서 들을 수 있었던 건 큰 감동이었다. "미셸, 25년 동안 당신은 나의 아내이자 내 아이들의 어머니이자 내 최고의 친구였습니다"라며 아내에게 보내는 무한한 사랑, "당신이 위대한 부통령이었기 때문만이 아니라 제가 형제를 얻었기 때문입니다"라며 바이든 부통령에게 보내는 찬사, 떠나가는 위대한 대통령의 모습에서 위대한 리더의 따뜻함을 볼 수 있었던 것은 잠시나마 큰 기쁨과 환희를 안겨주기에 충분했던 시간이었다.

　그 힘은 어디에서 왔을지 생각해보았다. 할 수 있다는 긍정의 힘이었다. 그 긍정의 힘은 오바마 대통령 혼자가 아니고, 미국민 전체가 공유한 긍정의 힘이었다. 그래서 오바마는 그 공로를 국민들에게 돌렸다. "지금 이 결과는 우리가 해낸 일입니다. 여러분이 한 일입니다. 여러분이 바로 변화였습니다." 국민을 긍정의 힘, 희망과 도전으로 이끌어 성공을 이루어내고 그 공을 국민의 손에 쥐어주는 대통령! 우리에게는 과연 묘연한 것일까?

2013년 OECD 13개국에 대한 '보이지 않는 자본' 분석에서 미국이 가장 높은 30%를 기록하고 한국이 가장 낮은 마이너스 40%를 기록했다. 보이지 않는 자본이란 신뢰를 바탕으로 하는 사회적 자본과 긍정마인드를 바탕으로 하는 긍정심리자본으로 구성된다. 창조사회로의 변화가 진행될수록 개개인의 창조적 역량이 중요해지고 긍정심리자본의 비중은 더욱 커진다.

현재 한국의 위기는 긍정심리자본의 위기이다. '말이 씨가 된다'라고 했다. 부정적인 말은 부정적인 일을 부르고 긍정적인 말은 긍정적인 결과로 이어진다. 요즘 청소년들에게까지 만연된 부정적인 말들은 사회를 부정마인드로 물들게 해 자살률 1위, 행복도 꼴찌의 부끄러운 나라로 전락하고 있다. 지금 우리가 몸담고 있는 조직, 그리고 위대한 대한민국의 미래도 긍정의 힘으로 도전하는 리더들, 그리고 그에 따르며 자율적으로 역량을 강화하고 더 높은 목표에 도전하는 구성원들이 바꿔갈 수 있지 않을까? 희망에 찬 기대를 가져본다.

05

구성원에게 끊임없이 격려하고
위임적 관심을 보여라

리더의 말 한마디는 구성원을 살릴 수도 죽일 수도 있다.

구성원의 자기효능감을 높이려면 구성원에게 끊임없이 격려하고 위임적 관심을 보여야 한다. 칭찬은 고래를 춤추게 하지만 격려는 사람을 춤추게 한다는 말이 있다. 구성원이 실패해서 힘들어할 때, "당신은 있는 그대로 참 훌륭합니다"라고 격려의 말을 건네보면 어떨까? 인간관계에서 미움을 주는 사람은 대체로 힘을 가진 강자이다. 반면에 미움을 받는 사람은 대체로 약자가 대부분이다. 조직에서도 마찬가지이다. 격려를 보내고 미움을 주는 사람은 대부분 리더이다. 그래서 조직에서 구성원을 춤추게 하는 사람도, 힘들게 하는 사람도 대체로 리더일 수밖에 없다.

말이나 언어가 잘못 사용되면 많은 사람들에게 피해를 준다. 특히 조직에서 리더의 말이나 언어는 구성원을 살릴 수도 있고 죽일 수도 있음을 명심해야 한다. 상호존중은 사회적 평등에서 비롯되고, 반면에 갑질은 사회적 불평등에서 비롯된다. 강자가 약자에게 가하는 행동이 갑질인데, 그 행동은 말이나 언어를 포함한다. 약자에게, 특히 조직에서 구성원에게 "미움받을 용기로 살라."고 강조하는 것은 갑질의 방치이고 수용이다. 미움받을 만한 행동은 미워해도 되지만, 행동을 미워하되 사람은 미워해서는 안 된다. 미워하는 행동은 타인을 헤치기 때문이다. 미워하는 행동, 말, 언어는 구성원을 해치고, 구성원을 죽일 수도 있다.

구성원을 미워하고 학대하는 리더가 의외로 많다. 학대의 피해자인 구성원은 심한 심리적 상처를 입고 조직생활을 한다. 조직뿐 아니라 현재 우리 사회는 힘 있는 사람이 힘없는 사람에게 부당한 갑질을 하는 행위가 만연해 있다.

조직에서 구성원의 위치에 있다고 해서 리더의 부당한 갑질에 참고 인내하는 시대는 지났다. 조직의 모든 구성원들도 이제는 '미움받을 용기'로 참고 살아가기보다는 리더의 '미움에 도전할 용기'나 리더의 부당한 '갑질에 도전할 용기'로 살아가야 한다. 리더의 부당한 언어폭력이나 부당한 대우에 대해 참고 견디면 그 강도는 점점 세지는 경향이 있기 때문이다. 그래서 부당하다면 적절한 방법으로 리더의 행동에 대해 언급해서 바람직한 방향으로 돌려놓아야 한다.

리더의 힘은 구성원들에 대한 배려와 섬김을 기본으로 한 신뢰에서 비롯된다.

세종대왕의 훌륭한 업적의 근본은 백성에 대한 지극한 사랑이었다. 한글창제의 업적, 농사에 도움이 될 농서 제작 및 보급의 바탕에서는 '어떻게 하면 우리 백성들이 걱정 없이 살 수 있을까'에 대한 고민이 있었다. 조선시대 고을의 수령들은 작물의 재배, 생산량, 수량과 보관, 매매 등에는 애당초 무관심했다. 하지만 세종은 경복궁 후원에 밭을 만들고 보리씨를 뿌리고 거름지게를 직접 졌다. 손수 거름을 주고 매일 작물의 생육을 관찰하며 획기적인 농사법을 연구했다. 백성의 먹고사는 문제를 대하는 세종의 태도가 이처럼 지극했던 것이다. 또한 경회루 경로잔치에 참석한 노인들에게는 임금에게 절하지 말도록 했고, 세종은 먼저 일어나 노인들을 맞이했다고 한다. 또 산모에 대한 따뜻한 배려로 출산 1개월, 출산후 백일, 남편에게 출산 뒤 30일 휴가를 주도록 법을 제정했다고 한다. 백성들에 대한 봉사정신과 '섬김정신'이 얼마나 컸는지 보여주는 사례이다.

백성에 대한 지극한 사랑과는 달리 자신의 안위를 돌보는 일에는 무척 엄격했다. 세종은 여느 왕들과는 달리 자신의 생일을 포함한 자신을 위한 각종행사를 금했다. 자신의 안위보다 나라와 백성을 먼저 생각하고 돌보는 마음은 아내인 소헌왕후의 호에서도 보여주고 있다. 소헌왕후의 호를 내명부의 살림살이를 알뜰하게 이끌어가라는 의미로 검비(검소한 왕비)라고 명명했던 것이다. 이와 같이 세종의 사례에서 리더는 자신보다 남을 더 존중하고 위하며 섬기는 사람임을 다시 돌아보게 한다.

조직은 구성원의 사기, 일에 대한 의욕, 도전의식을 고취해 조직 성과를 극대화하는 데 목적이 있다. 그러나 구성원들을 조직의 목표를 달성하기 위한 하나의 도구로서만 인식하고 있다면 생각을 바꿔야 한다. 구성원들은 조직 경영층, 그리고 관리자들과 함께 조직을 같이 이끌어 가는 동반자다. 먼저 경영층, 관리자들이 조직구성원들을 동반자로 인식하고 하나의 소중한 인격체로서 대우하는 것이 중요하다. 그 생각이 조직에 깊이 뿌리내렸을 때 구성원들이 리더를 진심으로 신뢰하고 따를 수 있다.

조직에서 구성원 간 신뢰는 협력관계의 기본이 되어 협력행동을 유발하며, 갈등과 거래비용을 감소시켜 조직 내 효율성을 높인다. 또한 조직 내 신뢰는 인간중심 경영의 기본으로 리더와 구성원, 동료 간 관계의 질을 결정하며, 이러한 관계의 질이 때로는 조직의 성공과 실패에 중요한 영향을 주기도 한다. 따라서 신뢰는 조직 전반의 문제를 해결할 수 있는 주요한 수단이자. 하나의 패러다임으로 인식될 필요가 있다. 특히 리더에 대한 구성원의 신뢰는 조직의 성패를 가를 중요한 요인이다. 그중에서도 리더의 구성원에 대한 의견존중과 배려가 신뢰에 영향을 크게 미친다. 또한 리더의 개인적 특성과 행동 특성은 리더에 대한 구성원의 신뢰 형성에 중요한 영향을 미친다. 구성원의 리더에 대한 신뢰에 영향을 주는 특성 요인으로는 리더의 업무 능력, 행동의 일관성, 성실성, 정직성 등이 있다.

그런데 이 같은 리더의 행동 특성 중에서 구성원을 신뢰하고 존중하여 구성원에게 자율성을 보장하고 권한을 위임하는 데 걸림돌로 작용할 수도 있는 항목이 있다. 스스로 업무능력이 뛰어나다고 생각하는 리더는 자칫 구성원에게 업무를 위임하지 못하고 자율성을 키워주지 못하기도 한다. 구성원을 믿지 못하고, 구성원이 하는 일이 마음에 들지 않아 시시콜콜 간섭하기 쉽다. 이것이 지나치면 리더는 구성원을 신뢰하지 못해서 미워하고, 학대하고, 갑질을 일삼게 되는 것이다. 그래서 결국은 구성원도 리더를 신뢰하지 못하고, 심하면 감정싸움까지도 빚어지는 결과를 초래한다. 조직 내 신뢰 형성의 주도자인 리더에 대한 구성원의 신뢰 여부는 조직 유효성에 중요한 영향을 미친다는 사실을 다시 상기하자. 대개 그러한 조직의 리더는 자신의 억압적이고 폭군과 같은 관리 스타일 때문에 조직이 그나마 이 정도 유지된다고 착각하기도 한다. 자신이 설정해놓은 조직의 위상만큼만 그 조직은 발전의 한계를 드러낸다는 사실을 잊지 말아야 할 것이다.

06

구성원의 자기조절 효능감을 키워라

　자기조절 효능감이란 개인의 자기조절, 즉 자아관찰과 자아반응을 잘 사용할 수 있는가에 대한 효능 기대다. 개인이 어떤 과제를 달성하기 위해 자기관찰인 인지과정과 자기판단, 그리고 자기반응인 동기과정을 잘 사용할 수 있는가에 대한 효능기대인 것이다. 인간은 자신의 행동을 관찰하고, 자신의 목표인 기준에 비추어 자신의 수행을 판단한다. 그래서 긍정적이라면 새로운 목표를 설정하고 부정적이라면 자신의 목표를 이루기 위해 부가적인 행동을 하는 반응을 보인다.

　자기효능감 연구는 영역 특수적인 이론에서 시작되었다. 자기효능감을 특정 영역이나 과제 특수적인 것으로 개념화하고 측정해야 한다고 강조했고, 많은 연구들이 특정한 영역에 국한된 자기효능감을 다루어왔다. 그러나 특정 과제에 대한 효능기대로는 이전과 유사하지 않은 새로운 과제에 직면했을 때 성공적인 과제 수행을 예측할 수 없다는 한계가 있다. 그래서 일부 학자들은 영역 특수적인 자기효능감이나 효용성을 인정하면서도, 보다 덜 특정적인 맥락이나 광범위하고 다양한 상황에서의 행동을 설명할 수 있는 자기효능감의 일반성에 관심을 갖게 되었다.

빠르게 변화하는 직장환경에서는 직무와 역할이 점점 광범위해지고 복잡해지고 있다. 그래서 직장인들은 끊임없이 새로운 상황에 적응하고 새로운 역량을 키워야 하는 과제에 직면해 있다. 특정한 영역에만 적용되는 자기효능감을 넘어서야 하는 시점이다. 그래서 다양한 영역과 시간에 걸쳐 적용될 수 있는 자기효능감이 더욱 의미를 지닌다. 직장에서 리더들도 구성원이 다양한 상황에서 잘 수행할 수 있는 능력을 발휘할 수 있도록 하는 동기부여가 필요해졌다. 다시 말해 일반적인 자기효능감을 지닐 수 있도록 관심을 갖고 구성원을 육성해야 한다.

리더가 구성원의 자기조절 효능감을 키우면 조직의 목표 달성뿐 아니라 직장생활 만족도를 높이고, 나아가 삶의 질을 높이는데도 중요한 역할을 한다. 구성원이 어느 특정영역에서 자기효능감이 높아 일의 성공을 가져오는 반복경험을 하는 경우를 목격할 수가 있다. 특정영역에서 이러한 단순경험을 반복하다 보면, 어느 순간 매너리즘에 빠져 흥미를 잃게 되고 도전의식이 위축되는 결과로 이어지기도 한다. 이런 상황이 오지 않도록 리더는 구성원이 여러 상황에서 업무를 경험하도록 해야 한다. 즉, 일반화된 자기효능감을 가질 수 있도록 지속적인 관심과 배려가 필요하다.

일반적 자기효능감은 다양한 상황에서 일을 잘 수행할 수 있는 능력에 대한 믿음이다. 또는 새롭거나 어려운 상황에 반응하고 관련된 장애나 어려움에 대처할 수 있는 능력에 대한 믿음으로도 정의할 수 있다. 일반적 자기효능감은 특수 자기효능감에 비해 상대적으로 안정적이고 일반화된 유능감에 대한 신념이다. 즉, 일반적 자기효능감이 높은 개인은 다양한 과제 영역에서 성공을 이룰 확률이 높다. 따라서 그러한 구성원들이 조직에 많이 있으면 그만큼 조직의 유효성을 키우는 데 큰 영향력을 발휘하게 된다.

조직 내 인지적·정서적 신뢰관계가 조직의 유효성을 키운다.

구성원의 자기조절 효능감을 키우려면 조직 내 인지적·정서적 신뢰관계가 구축되어 있어야 한다. 우리나라 조직에서는 보편적으로 정서적 신뢰가 인지적 신뢰보다 조직에 미치는 파급효과가 크다고 보는 견해가 우세하다. 조직에서 구성원 간 신뢰가 구축이 안 되어 있으면 구성원들이 자기효능감을 발휘하는 데 장애로 작용하게 된다. 즉, 자기효능감의 효과를 더 키워갈 수 있는 자기조절 효능감마저 떨어진다. 구성원들은 새로운 목표나 도전이 필요로 할 때는 자기 자신에 대한 자기조절, 즉 자아관찰과 자아반응을 최대한 잘 사용할 수 있도록 자신의 내적 동기를 조절하게 된다. 그러나 구성원 간 신뢰가 부족하면 구성원의 자기조절 의지가 약화한다.

조직 내에서 신뢰는 그 대상에 따라 상하관계에 따른 수직적 신뢰와 동료 간 수평적 관계에서의 수평적 신뢰로 구분할 수 있다. 그리고 조직구성원과 경영자, 또는 조직의 관계에서 형성되는 제도적 신뢰로 구분할 수 있다. 그중에서도 구성원의 자기조절 효능감에 가장 큰 영향을 미치는 것은 리더에 대한 구성원의 신뢰도이다.

흔히 리더에 대한 구성원의 신뢰를 얘기할 때는 정신적 유대를 근간으로 하는 정서적 신뢰를 주로 뜻한다. 하지만 요즘은 리더의 역량, 즉 업무능력도 신뢰관계에 매우 중요한 요소로 작용한다. 리더의 업무 능력이 조직 효과성에 직접적인 영향을 미친다고 보는 것이다. 따라서 리더는 조직구성원들에게 명확한 가치기준과 역할모델 제시를 통해서 리더에 대해 높은 수준의 신뢰감을 갖도록 하는 게 매우 중요하다. 구성원은 리더가 업무수행에 있어서 분석적, 전략적으로 수행하여 성과를 잘 이끌어내주기를 기대한다. 또한 감성적 리더십 역량과 구성원육성 리더십 역량을 통해 구성원의 의견을 경청하고, 방향 제시를 잘해줄 때 리더에 대해 만족하게 된다. 리더들 입장에서는, 시간이 지남에 따라 리더 각자의 업무 역량, 정서적 신뢰 관계를 기반으로 하는 고유의 조직 목표 육성의 질이 형성된다. 그래서 리더들은 구성원 육성뿐 아니라 자기계발에도 게을리해서는 안 된다. 스스로 업무 역량을 키우기 위한 노력도 열심히 해야 하고, 구성원과의 바람직한 관계 설정을 위해 인지적, 감성적 리더십 역량을 키우는 데도 많은 노력을 기울여야 한다.

이 같은 리더의 노력으로 인지적, 감성적 리더십 역량이 갖추어지면 구성원들은 자신의 리더에 대해 정서적으로 몰입도가 높아진다. 이는 또한 리더 만족이나 리더 신뢰 수준을 높이는 내적 기제로 작용한다. 이 같은 리더에 대한 만족은 구성원의 동기부여, 직무 또는 조직 몰입, 업무 성과등과 같은 리더십 유효성에 중요한 영향을 미칠 수 있다. 대체적으로 조직에 대한 몰입도는 리더에 대한 구성원의 몰입에서 비롯된다. 리더에 대한 몰입은 조직에 대한 소속감보다 리더 개인에 대한 충성심에서 비롯된다. 리더에 대한 구성원의 충성은 구성원의 리더에 대한 긍정적 신념이 그 기초가 된다.

늘 힘든 일만 있다면 조직생활을 하기가 힘들 것이다. 조직을 이끌어가다 보면, 리더의 눈빛만 봐도 리더의 마음을 읽어내는 구성원들을 만날 수 있다. 또한 구성원들의 눈빛만 봐도 무슨 생각을 하고 있는지 알아차리는 리더들도 있다. 이같이 조직에서 리더와 어떤 특정 직원 간에는 긍정적인 무언의 대화가 이루어지는 경우가 종종 있다. 리더는 구성원의 눈빛을 통해 무슨 생각을 하고 있는지 읽어내고, 그 구성원은 리더의 언어, 행동, 눈빛에서 리더의 마음을 알아차린다. 어떤 구체적인 지시가 없더라도 스스로 알아서 움직이고 일을 처리해가는 고관계성의 정서적 유대가 형성되는 것이다. 리더와 구성원 간에 이와 같은 신뢰 관계가 형성되면, 구성원 스스로 자기조절, 즉 자아관찰과 자아반응의 효과성이 높아져 자기조절 효능감은 더 높아지게 될 것이다. 그렇게 되면 분명 구성원은 안정적인 자기효능감을 갖추게 되어 조직 유효성 증대에 기여하게 된다.

07

구성원 자신의 능력에 대한 신념에 리더의 신념을 더하라

구성원의 자율성 지지가 구성원의 능력에 대한 신념을 끌어올릴 수 있다. 구성원의 자기효능감을 키우려면 구성원이 자신의 능력에 대한 신념을 갖도록 해야 한다. 거기에다 리더의 구성원에 대한 능력의 신념을 더하면 구성원의 자기효능감은 더욱 커진다. 결국은 구성원의 자율성을 근간으로, 구성원이 자신의 능력을 스스로 키우고 리더가 적극적으로 심리적 지지를 보내는 게 무엇보다 중요하다.

자율성은 사람이 태어나면서 갖는 가장 기본적인 심리욕구이다. 자율성이 충족되지 않으면 인간은 행복하지 않다고 했다. 자기결정이론에 따르면, 자율성지지는 심리적 안녕감·도전의식에 긍정적으로 영향을 미친다고 했다. 조직에서 리더의 구성원에 대한 자율성지지가 무엇보다 중요한 이유다. 자율성지지가 구성원의 능력을 끌어올리고 나아가 조직의 유효성을 크게 할 수 있다.

자율성을 바탕으로 키워진 구성원은 스스로 찾아 일하는 습관으로 자신의 능력을 계속해서 키워 나간다. 여기에 리더는 무엇보다 구성원의 능력에 대한 신념, 신뢰를 지속적으로 보내야 한다. 어떤 리더들은 구성원이 일을 잘하다가 어쩌다 실수하고 실패하는 걸 그냥 지나치지 못한다. 돌이켜 보면 리더 자신도 그 자리에 오기까지 많은 시행착오를 겪었고 실패도 했던 걸 잠시 잊곤 한다. 구성원이 가진 자신의 능력에 대한 신념과 이에 대한 리더의 신뢰가 무엇보다 중요하다. 이러한 신뢰를 바탕으로 구성원의 능력에 대한 리더의 신념을 더해야 한다.

구성원의 자기효능감은 구성원이 보유하고 있는 감정 성향에 따라 영향을 받는다. 그렇게 만들어진 자기효능감은 결국 개인의 직무소진에도 영향을 미친다. 지금까지 알려진 자기효능감의 영향 요인으로는 능력에 대한 신념, 자신감, 그리고 직접적인 성공경험 등이 있다. 그중에서 조직구성원의 자신의 능력에 대한 신념이 자기효능감에 매우 큰 영향을 미치는 것으로 밝혀졌다. 또 구성원의 능력에 대한 신념에 큰 영향을 미치는 요인으로는 리더의 구성원의 능력에 대한 신념, 즉 믿음이 큰 비중을 차지한다. 따라서 리더가 조직구성원의 능력을 믿고 신뢰하는 게 매우 중요하다. 그 신뢰를 바탕으로 자율성을 근간으로 하는 업무추진 방식이 조직에 자리를 잡아가도록 해야 한다.

사람들은 자신이 보유한 자원을 보존·발전시키고 싶어하고 그 자원을 바탕으로 어떤 성과물을 창출한다. 특히 조직에서 리더는 조직구성원이 보유한 자원이 정상적으로 밖으로 표출될 수 있도록 지속적인 격려와 배려가 필요하다. 자칫 많은 업무가 부여될 경우 보유한 자원을 상실하게 되면서 스트레스와 직무소진으로 이어질 수가 있다. 이때 업무를 조정해 주는 역할을 리더가 하기 때문에 직무 소진에 있어서 리더의 역할이 중요해진다. 과다한 업무 부여는 구성원이 지닌 능력에 대한 신념을 일시적으로 잠재워버릴 수 있다. 따라서 적정한 업무 부여가 필수라 하겠다.

구성원의 능력에 대한 리더의 신념과 믿음은 리더의 감성이 더해졌을 때 그 효과가 배가된다. 리더의 높은 감성 지능이 구성원의 직무 소진을 감소시켜 그 효과를 배가하기 때문이다. 구성원들의 직무소진을 감소시킬 방법은 리더의 역할을 통해 가능하다. 그중에서도 리더의 리더십, 특히 구성원들의 감정을 이해하고 활용하는 감성 지능이 매우 중요하다. 그 감성 지능을 바탕으로 구성원의 능력에 대한 신념에 리더의 신념과 믿음을 더하는 건, 구성원들의 능력을 끌어올리는데 있어 핵심이다.

리더가 구성원의 능력에 대한 신념과 믿음을 구성원에게 전하는 것은 농도가 짙은 격려의 한 형태다. 조직에서 구성원은 리더에게서 인정받고 존중받는다는 정서적인 지원을 통해 긍정적 정서를 갖게 된다. 리더가 구성원의 정서를 파악하고, 정서를 잘 활용하는 것이야말로 리더가 구성원에게 비전을 제시하고 동기를 부여하는 데 있어 효과를 더할 수 있다. 구성원의 입장에서 변혁적 리더로 인지할 가능성이 크기 때문이다. 리더의 정서지능은 구성원에게 리더와 만족스런 관계를 갖게 함으로써 조직에서의 업무수행에 긍정적인 영향을 가져올 확률이 매우 높다. 조직에서 구성원과 리더와의 이와 같은 긍정적인 커뮤니케이션은, 구성원의 행복감 상승과 더불어 조직의 유효성 증대에도 아주 중요한 영향을 끼친다. 아무리 강조해도 지나치지 않을 부분이다.

조직의 긍정적인 분위기 조성은 구성원 간 효율적인 커뮤니케이션이 큰 영향을 미친다. 바람직한 커뮤니케이션은 구성원에게 좋은 영향력을 발휘하게 한다. 다른 사람들과 관계를 맺을 때, 또는 그 관계에서 일어나는 사건을 받아들이고 대처하는 방식을 결정하는 가장 중요한 요소가 커뮤니케이션이다. 또한 커뮤니케이션은 구성원들이 의사결정에 참여하고, 리더를 통해 구성원들의 행동을 결정짓는 중요한 요소이다. 또한 커뮤니케이션은 사기를 진작하는 유용한 도구로써, 조직 내 역동을 일으키는 중요한 매개요인이기도 하다. 커뮤니케이션은 평소 자유롭고 활발한 소통의 장이 이루어질 수 있도록 분위기를 조성하는 것이 바람직하다. 그처럼 개방된 커뮤니케이션이 얼마나 이루어지느냐에 따라 구성원의 자발적인 행동을 끌어낼 수 있을지 여부가 정해진다. 그 커뮤니케이션을 바탕으로, 구성원의 능력에 대한 리더의 확신이 진정성 있게 받아들여질 수 있다. 평소 원활한 커뮤니케이션이 부족한 상태에서는 구성원에 대한 칭찬, 격려, 공감 등 긍정 메시지를 보내도 그 효과는 떨어진다. 따라서 리더의 구성원에 대한 공감적인 의사소통은 흐르는 물처럼 자연스럽게 구성원들이 받아들이도록 평소 가슴에 체화되어 있어야 한다.

대부분의 구성원들은 스스로 자신의 능력에 대해 최소한 한가지씩은 타인에 비해 우월하다는 인식을 가지고 있다고 한다. 구성원들은 자신만의 그러한 능력을 리더가 알아봐주기를 바란다. 그런데 대부분의 리더들에게는 잠재 능력을 보기 전 그 구성원의 단점이 먼저 눈에 띄게 되곤 한다. 부정적인 분위기가 팽배한 조직은 그 책임을 구성원들에게 돌리기 이전에 그 조직의 리더가 어떤 성향인지 살펴볼 필요가 있다. 조직 내에 긍정적인 분위기가 자리잡도록 하려면 조직 내 리더 역할이 가장 중요하다. 공감, 수용, 경청, 칭찬, 지지, 신뢰 등을 기본으로 리더와 구성원 간 원활한 커뮤니케이션이 실행되어야 한다. 어느 조직이 구성원의 내적 동기를 유발하고, 구성원으로 하여금 자발성을 갖게 하여 조직 유효성이 증대되고 있다면, 그 조직에서는 긍정적 커뮤니케이션이 이루어지고 있다고 보는 게 타당하다. 구성원에게 자발성, 즉 자율성을 갖도록 유도하는 것은 구성원의 내적 동기를 유발하는 데 매우 바람직한 조직 관리 형태다. 구성원의 자발성이 목표의식을 스스로 깨우쳐 주고, 나아가서는 도전의식을 불러일으키는 데 중요한 요소이기 때문이다. 구성원에게 자율성을 부여하는 것은 조직 성과를 극대화하는 것은 물론 구성원의 행복감도 배가되는 결과를 가져온다. 자발성을 가지고 자신의 일을 찾아서 하는 구성원에게 시시콜콜 지시하고, 방향을 제시하는 등 자율성을 저해하는 리더의 스타일은 바람직하지 못하다. 그것은 조직의 유효성을 저하하는 지름길임을 알고 가능한 자율성을 최대한 수용하고 지지해주는 자세로 전환해야 한다.

구성원 중에서 자신의 능력에 대한 신념이 없는 구성원이 있으면 그 구성원의 잠재역량을 발굴해 자신의 능력에 대한 신념을 갖도록 배려해야 한다. 능력에 대한 신념을 가질 때까지 인내력을 가지고 지지, 격려해서 육성하는 노력을 기울여야 한다. 그렇게 구성원이 차차 능력에 대한 신념을 갖게 되면 거기에 리더의 신념을 더해, 그 신념을 더 확장해가야 할 것이다.

구성원에게 맞는 성공의 패턴을 보여라

　구성원의 자기효능감을 키우려면 구성원에게 맞는 성공의 패턴을 보여야 한다. 경력 면에서의 성공이란 쉽게 얻을 수 있는 게 아니다. 가치 있는 모든 것이 그렇듯 경력 면의 성공 역시 시간, 노력, 집중, 감정적 노력, 개인적 희생 등 상당한 투자를 요구한다. 따라서 조직에서 리더는 구성원이 성공 패턴을 하나하나 찾아가도록 관심을 기울여야 한다. 리더는 수많은 시행착오를 거치면서 그 자리에 올라섰기 때문에, 그 경험을 바탕으로 구성원이 시행착오를 조금이라도 덜 겪고 성공 패턴을 그려갈 수 있도록 관심을 기울여야 한다. 구성원의 강점과 약점을 잘 파악하여, 강점은 살리고 약점은 체계적으로 보완해가는 세밀한 지도와 육성이 필요한 것이다.

　큰 성공을 거둔 경영자들은 지나치게 자기중심적이지 않다. 성공 패턴에 기반한 경력은 대부분의 사람들의 믿음과는 상당히 다르다. 성공은 통제범위 밖에 있다는 게 일반적인 생각이다. 그러나 성공 패턴을 따르는 경력은 이해 가능하고 예측 가능하며 장기적으로 관리가 가능하다. 경력 면의 성공은 마치 개인 성향과 능력이 결정하며 주변 사람들보다 더 뛰어나야 얻을 수 있는 듯 보인다. 따라서 최정상에 오른 사람은 어느 누구보다 공격적이고 자기중심적일 것이라고 생각하기 마련이다. 그러나 사실 반드시 그렇지는 않다.

기업에서 가장 성공적인 경영자들을 보면 사람 중심의 경영자였다는 사실을 상기할 필요가 있다. 최고의 인재를 모아 이들을 자극해 남보다 뛰어난 성과를 거두게 하는 능력을 가진 리더가 더 많다는 뜻이다. 이들의 성공은 주변 동료들과 조직구성원, 임원들의 능력과 성과에 더 큰 영향을 받았다. 성공한 대다수의 경영자들은 자신의 커리어만큼이나 조직구성원의 경력에 관심을 가지고 있다. 극소수의 경영자만이 자신의 경력 관리에 가장 관심이 큰 것으로 나타났다. 다른 사람의 성공에 초점을 맞춘 리더십 방식은 성공한 경영자에게서 공통적으로 볼 수 있는 중요한 패턴이다.

그렇다면 가장 뛰어난 인재의 동기를 어떻게 유발할 수 있을까? 가장 많은 사람들이 '내가 원하는 일을 할 수 있는 자유'라고 말했다. 특히 성과가 뛰어난 사람은 세세한 것까지 간섭받는 것을 좋아하지 않는다. 사실 이들은 관리 받는 자체를 싫어한다. 위에서 분명한 목표를 제시하고 이를 달성하는데 있어서 창의적 자유를 허용해주길 원한다. 자신을 믿고 임무를 완수하는 데 필요한 정보와 자원을 제공해주길 원한다. 목표를 달성하기 위한 책임과 권한, 유연성을 원한다. 이들은 임파워먼트를 불어넣고 자신을 완전히 믿어주는 그런 리더를 원한다.

　구성원이 성공의 패턴을 찾도록 하기 위해서는 구성원이 자신의 가치를 깨닫도록 해줘야 한다. 경력이 쌓이면서 가치는 변한다. 처음 일을 시작할 때 잠재적 가치는 넘쳐난다. 시간이 지날수록 지능과 대인관계 에너지를 사용하면서 장기간에 걸쳐 가치를 쌓을 수 있다. 이 잠재력이 경험으로 승화되면 운동에너지를 얻어 가치를 더욱 높일 수 있다. 대부분의 사람들은 잠재력의 바구니는 꽉 차있는 반면 경험의 바구니는 텅 빈 상태에서 경력을 시작한다. 핵심은 잠재력 바구니가 바닥나기 전 경험의 바구니를 채우는 것이다. 리더들은 구성원이 경험의 바구니를 채워가면서 성공의 패턴을 그려갈 수 있도록 지속적으로 관심과 배려를 아끼지 말아야 한다. 반복적인 성공의 경험은 자신감뿐 아니라 개인 삶의 행복과도 직결되기 때문이다.

　구성원에게 성공을 경험하게 하는 것은 잠재력의 바구니에서 경험의 바구니로 옮겨 담는 과정이다. 어떤 구성원은 잠재력의 바구니가 꼭 차 있는데도 경험의 바구니에 옮겨 담지 못하고 그대로 놔두고 사장시키고 만다. 반면 잠재력의 바구니는 조금 덜 차 있는데도 경험의 바구니는 넘치는 구성원도 있다. 과연 그 차이는 어디에서 비롯될까? 실행력의 차이다. 그렇다면 실행력의 차이는 어디에서 올까? 실행력은 어느 정도 성인이 되면 개인별로 그 격차가 뚜렷하게 나타나는 경향이 있다. 부모에게서 물려받은 성격과 영향력, 자라오면서 본인에게 주어지는 학습 환경, 살아오면서 겪는 생활의 습관 등에서 비롯된 차이일 수도 있다. 또한 형제, 친구, 스승, 직장 동료, 리더 등을 통해 전해지는 영향력 등이 그 사람의 실행력뿐 아니고 성격까지를 결정짓는 중요한 변수로 작용할 수도 있다. 기업에서 신입사원 면접은, 그러한 다른 환경 속에서 자라 성인이 된 사람들 가운데 우수한 인재를 찾는 작업이다. 그 작업은 어찌 보면 바람직한 성격의 소유자로 매사 도전적인 자신의 삶을 스스로 개척해가는, 실행력 강한 인재를 찾는 작업이다.

그러나 그렇게 해서 채용된 인재, 모두가 꼭 같이 우수한 성과를 기대하기는 힘들다. 그 가운데 또 우열이 나타나는 것은 어쩔 수가 없다. 여기에서 리더의 역할이 필요하다. 구성원의 잠재역량을 끄집어내어 경험의 바구니에 담는 작업이 이루어지도록 구성원에 대한 지속적인 내적 동기부여와 격려, 지지, 지원이 필요하다. 이 과정에는 구성원에 대한 리더의 지속적인 관심과 배려가 요구된다. 많은 구성원 한 사람, 한 사람에 대해 관심을 갖고 깊이 관찰해야 각 구성원이 지니고 있는 잠재역량을 발견할 수 있기 때문이다.

그런데 여기서 리더가 깨달아야 할 점이 있다. 구성원의 잠재역량은 그대로 끄집어냈을 때는 곧바로 어떤 결과물로 나타나기가 힘들다는 사실이다. 구성원이 가지고 있는 잠재역량이나 능력, 소질에 리더의 생각이나 경험을 보태어 더 큰 역량, 안정된 힘의 원천으로 만들어주어야 한다. 그 같은 과정이 몇 차례 반복되면 그 구성원은 그 잠재 역량을 자기만의 고유한 역량으로 만들어, 조직성과에도 안정적으로 기여하게 될 것이다.

학생들의 경우도 학습과정에서 주어지는 평가결과에 대한 피드백이 비교적 장기간에 걸쳐 누적되는 과정에서 학생들은 학업 능력과 학습 활동에 대한 자아개념을 형성한다. 그 과정에서 학생들은 차츰 자기 자신에 대한 긍정, 또는 부정의 태도를 갖게 된다. 학습활동에서 성공경험을 하는 학생들은 긍정적 정서를 갖는 반면, 계속적으로 실패 경험을 하는 학생들은 대체로 부정적인 정서를 갖게 된다. 이렇듯 학업에서의 성공경험과 실패 경험은 학생들의 지적, 정서적 특성에 큰 영향을 미친다.

조직에서도 마찬가지이다. 처음 기업에 입사해서 어떤 직속상관을 만나느냐에 따라 그 구성원의 직장생활의 운명이 결정된다면 너무 과장된 표현일까? 그러나 주위를 돌아보자. 많은 입사동기 중에서 시간이 지날수록 주위에서 일 잘한다는 평판을 듣는 동기들은 물론 본인의 능력도 중요하지만, 대부분 입사 초기에 일 잘하는 직속 리더를 만난 경우임을 종종 확인할 수 있을 것이다. 구성원에게 성공경험을 쌓게 하는 것도 리더의 능력이다. 리더의 언어, 행동, 성격, 업무 스타일등 모든 것은 구성원의 거울이다.

09

구성원에게 성공경험을 맛보게 하라

　구성원의 자기효능감을 키우려면 구성원에게 성공경험을 맛보게 해야 한다. Bandura는 성공경험은 개인 효능감에 대한 강한 신념을 형성하고 실패는 개인 효능감을 약화시킨다고 했다. 탄력성 있는 효능감을 지니려면 지속적인 노력을 통하여 장애를 극복한 경험이 있어야 한다. 또한 자기가 성공하기 위해 필요한 능력을 가지고 있다고 확신하면 효능감 탄력성은 증가하게 된다고 보았다. 자아개념이 높은 사람은 성공을 자신의 능력에서 찾고, 실패를 외적 원인에서 찾는 경향이 있다고 한다. 반면 자아개념이 낮은 사람은 성공을 외적 원인에서 찾고, 실패를 자신의 능력 부족에서 찾으려는 경향이 강하다고 한다. 자신의 노력에 의해 어떤 일을 성취했다고 여기면 성공에 대해 커다란 자부심을 갖게 된다. 그러나 자신의 능력부족이 실패의 요인이라고 생각하면 큰 수치심을 겪게 된다. 또한 성공을 자신의 내부요인으로 여기면 우월감과 희망감을 갖게 되지만, 실패를 자신의 내부요인으로 여기면 열등감과 죄책감이 높게 나타난다. 문제는 실패를 자신의 문제로 여기는 상황이 자주 발생하면 새로운 일에 도전하기를 꺼리게 된다는 것이다. 나아가 피해의식, 열등감이 강해져 헤어날 수 없는 나락으로 빠져들고 마는 상황이 올 수 있다.

기대수준이란 어떤 일에 대해 개인이 예상하는 장래의 성취수준이다. 실패를 자주 접하다 보면 장래의 여러 목표 설정에 악영향을 끼친다. 또한 자기의 성취를 향상시키고자 하는 동기 형성에도 부정적인 영향을 준다. 결국은 장래의 일에 대한 기대수준이 낮아지는 결과를 초래한다. 따라서 조직을 이끌어가는 리더는 구성원이 반복적인 성공경험을 쌓아가도록 해야 한다. 조직의 성과 향상, 조직의 유효성을 극대화하려면 구성원이 작은 성공이라도 반복해 경험하도록 하는 것이 중요하다.

작은 성공이라도 성공 요인을 자신의 능력에서 찾아가는 훈련을 하도록 해야 한다. 실패했을 때 자책하고 자신의 능력부족을 탓하는 습관에서 벗어나도록 이끌어야 한다. 그러려면 리더는 구성원이 성공적으로 문제를 해결한 장면을 떠올릴 수 있도록 도와줘야 한다. 성공 장면을 다시 상기시켜 자신감을 끌어올리는 배려가 필요하다. 그러한 배려를 통해 구성원은 자신의 능력에 대한 확신을 갖게 되어, 점차 자기효능감이 높아진다.

학생들에게 있어서 성공적인 학습전략 적응훈련이 자기효능감을 높일 수 있는 것과 같은 맥락이다. 학습전략을 잘 이해하고 효과적으로 적응할 수 있다는 학생의 믿음은 학습결과에 대해 주도적인 통제감을 갖게 만든다. 즉 학습전략에 성공적으로 적응하기 위한 훈련은 학생에게 학습 결과의 능력에 대한 확신을 촉진시키고 자기효능감을 향상시킨다. 또 교사의 자기효능감이 학생의 학습에 대한 자기효능감에 영향을 주듯, 조직에서 리더의 자기효능감이 구성원에게 영향을 미친다. 학습을 돕는 교사 자신의 능력에 대한 교사의 판단과 믿음이 학생의 자기효능감에 영향을 준다는 의미다. 조직에서는 구성원에게 바람직한 영향을 줄 수 있는 리더 자신의 능력에 대한 확신이 구성원의 자기효능감을 키워가는데 큰 영향을 끼친다. 또한 리더는 구성원이 성공경험을 쌓아가도록 스스로 목표를 설정하고, 스스로 도전하는 자율성을 키워가도록 관심을 가져야 한다. 그렇게 되면 어느 순간 리더는 구성원이 일반 목표보다는 구체적인 목표를, 쉬운 목표보다는 어려운 목표에 도전해가는 변화를 확인하게 될 것이다.

구성원에게 성공을 경험하게 하는 것은, 자기효능감을 높여 일의 성공에 대한 확신을 갖게 하고 즐거운 마음으로 일에 도전하도록 하기 위함이다. 자신에게 어떤 일을 성공시킬 만한 능력이 있다고 느낄 때 그 일을 하면서 높은 동기를 가질 수 있기 때문이다. 또한 사람들은 스스로 내린 선택이나 기울인 노력이 행동 결과에 직접적인 영향이 있다고 믿을 때, 보다 자신감을 갖기 때문이기도 하다. 어떤 일을 할 때 그 일에 대한 성공의 확신이 있을 때 더욱 노력하게 되고 따라서 성공률도 높아진다. 무엇보다 성공의 반복 경험으로 자기효능감이 높아지면 스스로 목표를 설정하고 도전하는 자율성이 형성된다는 것이다. 일할 때 자신감이 없으면 스스로 도전하는데 두려움을 갖는다. 실패에 대한 두려움이다. 실패에서 오는 자괴감, 자신에 대한 실망, 주위 사람들의 평가에 대한 피해의식이다. 그러한 것들로 인해 스스로 겪는 아픔을 회피하고 싶은 것이다. 성공경험의 일차적인 목표는 구성원에게 자신감을 심어주는 것이다. 다른 어떤 외부 요인에 따라서가 아니라 순수하게 자신의 능력으로 성공했다는 확신을 심어주기 위한 것이다. 성공의 반복 경험으로 그러한 확신은 더욱 강하게 구축될 것이다.

일을 하다 보면 항상 성공할 수만은 없다. 성공과 실패의 반복을 경험하게 되는데, 실패했을 때 의연히 받아들이는 자세를 갖도록 보살펴주어야 한다. 실패의 원인이 자신의 역량 부족 때문이 아니라고 여기는 낙관적인 사고가 필요하다. 외적인 요인에 의해서라고 긍정적으로 생각하는 자세가 필요한 것이다.

그런데 구성원들이 실패했을 때 이 같은 낙관적인 사고를 갖지 못하고, 비관적인 자세를 갖는 데는 리더의 책임이 크다. 리더들은 구성원들이 일의 성과가 좋지 않거나, 일에 실패했을 때 여러 외적 요인을 분석해보기도 전에 구성원의 잘못으로 돌려버리는 우를 자주 범하곤 한다. 리더 자신이 구성원이었던 시절을 망각하는 것이다. 자신의 과거 경험을 잊어버리는 것이다. 노력이나 역량이 부족해서가 아니라 본인의 판단의 실수였을 수도 있었고, 때론 외적인 요인에 의해서 결과가 좋지 않게 나왔던 경험들을 망각하곤 한다. 그때 자신의 리더가 그러한 사정을 무시하고 막무가내로 꾸짖던 기억도 함께 잊는 것이다. 과거 바람직하지 않았던 리더의 리더십을 그대로 닮아가는 자신을 알아차리지 못하고 있는 것이다. 구성원이 한 일의 성과가 좋지 않거나 실패했을 때 그 아픔을 어루만져 주고, 차분하게 실패의 원인을 같이 찾아보는 지혜가 절실한데 말이다.

리더들은 구성원 한 사람, 한 사람을 적절한 동기부여를 통해 조직의 유효성을 극대화하는 데 그 목적을 두어야 한다. 그런데 여기서 리더가 간과해서는 안 될 점이 있다. 조직의 성공 못지않게 구성원 한 사람 한 사람의 성공도 중요하다는 사실이다. 혹시 리더 자신의 성공, 조직의 성공만을 위해 조직의 구성원들을 하나의 수단으로만 여기고 있지 않은가 되돌아보아야 한다.

세종대왕의 리더십을 돌아보자. 세종대왕은 한글창제라는 창의적 프로젝트의 리더로서 팀원들을 주도적으로 이끌어가는 일종의 '팀장'이었다. 세종대왕은 한글창제라는 큰 과제를 앞에 두고도 집현전 학자들을 그 수단으로 생각하지 않았다. 세종대왕은 집현전 학자들의 수준과 성과를 판단할 때, 그들이 내려준 과제에만 급급한 자들인가를 살폈다고 한다. 진정으로 한글창제 연구과정을 즐기는 자들인지를 탐문했다고 전해진다. 즉, 구성원인 집현전 학자들 한 사람 한 사람이 일을 즐겁게 하는지 그 여부를 매우 중시했던 것이다. 세종대왕에게는 "학문을 아는 자는 이를 좋아하는 사람만 못하고, 학문을 좋아하는 이는 이를 즐기는 자만 못하다"라는 공자의 가르침을 통해 진정한 학문을 즐기는 깨달음이 있었기 때문이다. 그래서 세종대왕은 구성원인 집현전 학자들을 조급하게 닦달하지 않았고 진심으로 일을 즐기도록 배려했던 것이다. 한글창제라는 커다란 성과물은, 스스로 즐기며 에너지를 쏟았던 집현전 학자들의 열정을 분별할 수 있었던 세종대왕의 안목 덕분에 가능했는지도 모른다.

또한 리더는 구성원들의 성공에 대해서는 확실히 보상해주어야 한다. 학교생활을 예로 들어보자. 학생들에게 있어 학습 수행의 성공에 대한 교사의 보상 제공은 학생의 효능감에 영향을 준다. 보상은 학습의 진보와 학습 성공을 나타내는 표시이기 때문이다. 조직에서도 일의 성공에 대해서 적절한 보상이 이루어지도록 해야 한다. 성공을 했을 때 칭찬과 격려는 기본적이고, 물질적으로는 승진 등의 보상도 가능한 범위 내에서 실질적으로 해주어야 한다. 일의 결과에 대해 보상을 제공하는 것은 성취감을 더욱 크게 느끼도록 동기부여 해, 새로운 일에 대한 도전의 힘을 북돋워주는 결과를 가져오기 때문이다.

10

구성원이 수행결과에
긍정적인 감정을 갖도록 하라

구성원의 자기효능감을 키우려면 구성원이 수행결과에 긍정적인 감정을 갖도록 해야 한다. 일의 수행 결과에 긍정적인 감정을 갖게 되면 실패를 경험한다 해도 적게 낙담하기 때문이다. 수행 결과에 긍정적인 감정을 갖지 않게 되면 성공과 실패 여부에 상관없이 성취 상황에서 만족과 기쁨을 덜 느끼고 더 많이 동요한다. 성공했을 때에도 성공에 대한 희열감을 긍정적인 사고를 가진 사람에 비해 훨씬 덜 느낀다는 것이다. 또한 실패를 경험할 때 긍정적 감정을 갖는 사람들보다 더 많이 낙담한다고 나타났다. 이런 사람들은 보통 긍정적이지 못한 부분도 있지만 일에 있어 완벽주의자적인 사고를 지니는 게 보통이다.

현대사회에서 완벽주의자라고 하면 빈틈없고 용의주도하고 유능한 사람으로 높이 평가하는 경향이 있다. 성취 지향적이고 자기애적인 경향이 강한 현대사회에서 완벽하다는 것은 개인이 궁극적으로 도달해야 하는 이상적인 상태인지도 모른다. 또한 성공을 위해 반드시 추구해야 하는 미덕으로 받아들여지기도 한다. 또한 실제 완벽주의적인 성향을 가진 사람들이 학교나 직장에서 높은 성취를 이루는 모습을 쉽게 볼 수 있다. 하지만 그 내면을 들여다보면 이들은 항상 높은 목표를 이루기 위해 분주하고, 자신들의 수행에 만족하지 못하며 실패에 대한 두려움을 안고 있다. 또한 이러한 성향으로 인해 주위 사람들을 멀어지게 하기도 한다. 이같이 완벽주의는 높은 성취와 생산성을 나타낸다는 긍정적인 측면과 함께 실패에 대한 두려움이라는 정서적 취약성을 동시에 지닌다.

일찍이 Hamachek(1978)는 완벽주의의 이러한 상반된 측면을 고려하여 완벽주의를 정상적 완벽주의와 신경증적 완벽주의로 구분했다. 정상적 완벽주의자는 노력하는 과정에서 얻는 기쁨의 가치를 중요시하고, 완벽하지 않더라도 그 상황을 수용할 수 있다. 이들은 인정에 대한 욕구보다 자신을 향상시키고자 하는 욕구에 의해 행동이 동기화된다. 이에 반해 신경증적 완벽주의는 어떤 일을 하든지 만족을 느끼지 못한다. 또한 새로운 일을 시작하기 전에 불안이나 혼란스러움을 느낀다. 이들은 뛰어나고자 하는 욕구뿐만 아니라 실패에 대한 두려움에 의해 행동이 동기화된다. 이는 자기

지향 완벽주의이기 때문에 그 폐해가 자기 자신에 국한될 수 있다. 그러나 타인지향 완벽주의와 사회적으로 부과된 완벽주의는 그 폐해가 더 확대된다.

자기지향 완벽주의는 자신에게 과도하게 높은 기준을 부과하고 자기의 행동을 엄격하게 평가하고 비판하는 것이다. 반면 타인지향 완벽주의는 타인에게 높은 기준을 적용하고 다른 사람의 행동을 엄격하게 평가하는 것이다. 사회적으로 부과된 완벽주의는 중요한 타인이 자신에 대해서 높은 기준을 가지고 자기를 엄격하게 평가하고 있다고 느끼는 것이다. 또 그 기준을 충족시키지 않으면 어떤 조직에서 또는 사회적으로 자기를 거부할 것이라 지각한다.

완벽주의자들은 자신의 수행 관련 피드백을 잘못 해석하는 경우가 많고 다른 사람과 자신을 비교하여 부정적인 정서를 느끼기 쉽다. 또한 왜곡된 자기관을 갖게 되고 자존감을 높일 수 있는 기회가 제한되어 자기효능감이 낮아지게 된다. 여러 연구에서도 자존감이 낮은 사람이 자존감이 높은 사람보다 실패 경험에 대해 내부로 이유를 돌리는 경향이 강하다고 증명한다. 반면 자존감이 높은 사람은 성공 원인을 자신의 능력으로 여겨 더 높은 자기효능감을 갖는다는 것이다. 조직의 분위기가 일의 성과가 좋지 않거나, 실패했을 때 내부로 이유를 돌리는 분위기가 팽배하면 조직의 유효성을 키우는 데 큰 걸림돌로 작용한다. 그래서 리더는 수행결과에 대한 긍정적인 감정을 갖도록 조직의 분위기를 이끌어 가야 한다.

  외부 환경이 불확실한 요즘의 경영 환경에서는 그 어느 때보다 창의성이 중시된다. 기업이 다른 기업에 비해 경쟁우위를 확보하고 유지하려면 다른 기업과 차별화된 아이디어를 지속적으로 생산해 시장을 선도하고, 판을 바꿀 수 있어야 한다. 그러려면 창의성이 핵심이다. 조직 경쟁우위 원천으로서의 인간 역량에 대한 관점은, 인적자본, 사회적 자본, 긍정심리자본이라는 세 관점으로 볼 수 있는데, 창의성 연구도 이 같은 맥락에서 진행되었다. 과거에는 기업 경쟁우위의 원천으로 조직구성원이 가진 특성, 능력과 지식에 근거한 인적자본이 중시되었다. 그러나 최근에는 조직구성원이 지닌 사회적 자본과 긍정심리자본의 중요성이 더 부각된다. 구성원이 가지고 있는 사회적 관계와, 구성원의 내면에 지닌 강점 및 긍정성을 자본으로 하는 두 요인이 창의성 발휘에 큰 영향을 줄 수 있기 때문이다.

  B.C 1260년경 이스라엘 백성들은 모세의 영도 아래 440년의 노예생활을 마치고 자유를 찾아 애굽에서 탈출했고, 가나안 땅을 정복하고자 했다. 그 땅을 진격하기에 앞서 열두 지파의 대표로 구성된 수색대 12명이 먼저 가나안 땅을 정탐한 후 돌아와 지도자인 모세에게 보고를 했다. 그때 12명중 10명은 "거기서 본 모든 백성은

신장이 장대한자들이며, 우리는 스스로 보기에도 메뚜기 같으니 그들이 보기에도 그와 같을 것입니다"라고 말했다. 그 보고는 이스라엘 백성들의 마음을 동요시키고 불안하여 통곡하도록 만들었다. 반면 12명의 수색대 중 에브라임 지파의 대표 여호수아와 유다 지파의 대표 갈렙은, 똑같은 장면을 보고 돌아와 전혀 다르게 보고했다. 즉 "우리가 두루 다니며 탐지한 땅은 심히 아름다운 땅입니다. 우리는 그 백성을 두려워하지 맙시다. 그들은 우리의 밥입니다. 우리가 곧 올라가 그 땅을 취합시다. 능히 이길 수 있습니다."

똑같은 상황을 보고 한 편에서는 스스로를 '메뚜기'로 표현하고, 다른 한 편에서는 적군을 '우리들의 밥'이라고 정반대로 보고했던 이유는 무엇일까? 10명은 상황을 부정적인 시야로 바라보고, 다른 2명은 가나안 땅의 모습을 긍정의 눈으로 바라보았던 것이다. 또한 긍정의 말로 표현했던 것이다.

그런데 한 가지 놀라운 사실이 발견되었다. 이스라엘이 가나안을 정복하여 결국 그 땅에 들어간 사람은 12명의 수색대 중 2명뿐이었다. "그들은 우리의 밥입니다. 능히 우리는 그 땅을 취할 수 있습니다."라고 얘기했던 여호수아와 갈렙뿐이었다. 우리는 이스라엘 역사 속 두 인물을 통하여 긍정적인 눈과 긍정적인 말이 얼마나 중요한지 돌아볼 필요가 있다.

이처럼 조직에서 구성원이 가진 자원은 각각 따로 기능하기보다 복합적으로 상호작용하여 개인의 행동 및 성과에 영향을 미친다. 조직에서 개인의 인적자산도 중요하지만 긍정심리자본을 바탕으로 한 구성원들의 상호작용을 통한 커뮤니케이션도 매우 중요하다. 그러면 인간의 강점과 긍정적 기능에 바탕을 둔 긍정심리자본에는 어떤 것들이 있을까? 자기효능감과 자신감, 희망, 낙관주의, 그리고 복원력으로 구분해볼 수 있다. 자기효능감은 자신의 능력에 대한 확신에서 오는 긍정성이다. 주어진 상황에서 특정 과업을 성공적으로 수행하는 데 필요한 자신의 능력에 대한 확신이다. 희망은 자신이 달성하고자 하는 목표에 대한 달성의지뿐 아니라, 일의 추진 과정에서 발생할 수 있는 장애물을 극복하기 위한 대안 및 사전 대책 등에 대한 긍정성이다. 낙관주의는 좋은 일이 일어나리라는 일의 결과에 대한 긍정성이다.

낙관주의는 개인이 지닌 능력과 무관하게 개인이 가지고 있는 일의 결과에 대한 긍정성이라는 관점에서, 자기효능감과 구별된다. 일의 결과에 대해 비관적으로 생각하고 일하는 사람보다는 긍정적인 동기부여를 통해 일을 추진하는 사람이 좋은 결과를 가져올 수 있다. 복원력이란 일하면서 겪는 역경, 갈등, 실패, 위험에서 충분히 빠져나올 수 있고 되돌아올 수 있다는 긍정성이다.

이 같은 긍정심리자본은 조직 내에서 구성원 서로에게 영향을 미친다. 긍정심리자본을 지닌 구성원들이 조직 내에 많으면 긍정적 분위기가 조직 내에 확산되지만, 그렇지 않은 구성원들이 조직 내에 많으면 비관적인 분위기가 팽배한다. 따라서 리더들은 조직 내에 긍정적인 분위기가 확산될 수 있도록 해야 한다. 그러려면 조직의 리더는 먼저 자기 내면에 긍정심리자본이 탄탄하게 자리잡고 있는지 되돌아보아야 한다. 일희일비하지 않는 리더의 굳건한 긍정성이 무엇보다 중요하다. 리더도 사람이기 때문에 감정의 지배를 전혀 받지 않을 수는 없다. 조직의 성과가 좋으면 기분이 좋을 것이고, 조직의 성과가 좋지 않으면 기분이 나쁠 수도 있다. 그러나 그러한 감정 변화가 수시로 구성원에게 읽히면 구성원은 중심을 잡지 못하고 방황한다. 구성원이 중심을 잡고 자신들의 일을 성공적으로 수행하도록 하려면 리더가 먼저 조직을 성공적으로 끌어갈 수 있다는 긍정적 사고를 가지고 구성원을 이끌어가야 할 것이다.

PART
04

구성원의 자기효능감을 바탕으로
리더의 조직관리 효능감을 키워라

01

조직관리 효능감이란

　자기효능감은 과업의 성공적 수행에 있어 필요한 능력을 보유하고 있다고 생각하는 믿음이다. 자기효능감이 높을수록 개인의 성과나 목표, 노력 그리고 몰입 수준이 높아진다. 따라서 자기효능감이 높은 구성원들은 과업을 추진할 때 발생할 수 있는 복잡한 문제 상황에 효과적으로 대처하는 능력이 뛰어나다. 또한 성공적으로 과업을 완수하기 위해 지속적인 노력을 기울일 가능성이 높다. 효능감에 대한 대부분의 초기연구들은 이 같은 자기효능감에 초점을 두었으나, 최근에는 각 구성원들이 속한 조직을 대상으로 하는 집단효능감에 대한 연구들이 주목받고 있다.

　이는 많은 기업들이 대부분 팀제 조직을 기반으로 운영되고 있기 때문이다. 또한 기업의 궁극적 목표인 성과 달성에 있어 집단효능감이 중요한 영향력을 미치기 때문이기도 하다. 집단효능감이 높은 구성원은 소속팀을 위해 열정을 다해 일하도록 동기부여 된다. 또한 그러한 구성원들은 어려운 도전도 수용하고 극복하려는 의지가 높다. 그래서 집단효능감이 높은 구성원들은 동기부여 효과를 설명하는 변인으로도 부각되고 있다. 집단효능감은 성공적인 과업수행을 위한 구성원들이 갖는 기대감의 표현이다. 또한 집단의 노력이 집단의 목표를 달성할 것이라는 믿음에 대한 주관적인 개인의 신념이다. 즉 집단효능감은 과업을 성공적으로 수행할 수 있는 소속집단의 능력에 대한 집단 구성원들의 신념으로 정의할 수 있다.

그렇다면 리더의 조직관리 효능감은 무엇인가? 리더 자신이 관리하고 있는 조직의 성공에 대한 확신과 믿음이다. 그 확신의 밑바탕에는 구성원의 집단효능감이 자리한다. 그리고 또한 그 바탕에는 리더 본인의 자기효능감이 물론 자리잡고 있다. 조직관리 효능감은 리더 자신의 자기효능감을 바탕으로 한 구성원들의 자기효능감에 대한 기대, 확신에 기인한다. 그래서 조직관리 효능감이 높은 리더는 구성원 한 사람 한 사람의 능력을 끌어올려 조직의 집단효능감을 키우는 능력을 갖고 있다. 조직관리 효능감이 높은 리더는 어느 조직에 가든 그 조직을 성공으로 이끌 수 있다는 확신을 갖고 조직을 이끌어간다. 그 조직이 지금까지 성과가 안 좋은 조직일지라도,

구성원들의 집단효능감이 낮은 조직일지라도 크게 개의치 않는다. 그래서 그 리더가 그 조직에서 떠나갈 때는 그 조직은 그 리더가 목표한 대로 성공한 조직으로 자리매김하고, 한 단계 업그레이드된 조직으로 만들어놓고 떠나는 광경을 종종 목격할 수 있다.

그러면 그 같은 변화는 어떻게 가능한가? 물론 리더의 조직관리 효능감이 구성원들의 집단 효능감을 끌어올리기 때문이다. 처음에는 구성원들의 자기효능감에 대한 개인별 차이를 피부로 느끼게 된다. 리더는 당연히 개인별 격차가 심한 자기효능감을 평균 수준으로 끌어올리기 위해 관심을 쏟는다. 리더는 구성원들에게 업무에 있어 성공경험을 맛보게 함으로써, 지속적인 격려와 칭찬, 지도 등을 통해 자기효능감을 높이는 노력을 기울인다. 그래서 그 조직은 어느 순간 집단효능감이 높아져 성공하는 조직으로 자리매김하게 되는 것이다. 비로소 리더의 조직관리 효능감이 빛을 발하는 순간이다. 리더의 조직관리 효능감, 리더의 사고, 리더의 행동은 구성원의 자기효능감뿐 아니라 집단효능감에도 지대한 영향을 끼친다. 따라서 리더가 구성원에게 어떤 모습을 보여주는가는 매우 중요하다. 그중에서도 어떠한 경우든 조직을 성공으로 이끌 수 있다는 확신에 찬 조직관리 효능감이 리더에게 있을 때, 구성원은 열정적으로 움직이고 도전하게 된다.

리더의 조직관리 효능감은 구성원들의 집단 효능감에 큰 영향을 준다. 그러나 리더의 조직관리 효능감이 구성원에게 긍정적인 영향을 주려면 조직 내에 집단신뢰감이 형성되어 있어야 한다. 구성원 간 집단 상호신뢰도 중요하지만 그중에서도 리더와 구성원 간 신뢰가 더욱 중요하다. 리더와 구성원 사이의 신뢰에서, 예전에는 리더에 대한 구성원의 신뢰를 주로 다루었지만 지금은 구성원에 대한 리더의 신뢰도 중요하게 본다. 인간관계가 상호 호혜적일 때 그 관계는 원만한 교류가 가능하기 때문이다. 리더와 구성원 관계도 상호신뢰가 있을 때 조직 내 집단효능감에 긍정적인 영향을 주기 때문이다.

리더에 대한 구성원의 신뢰에 무엇보다 중요하게 영향을 끼치는 것은 구성원의 의견 존중과 배려이다. 구성원의 의견을 무시해버리는 일방적인 커뮤니케이션으로는 구성원에 대한 신뢰를 얻어내기가 힘들기 때문이다. 리더가 무슨 일이든지 자기 의견만을 고집하거나 자기만이 옳다든가, 아니면 자기가 최고라는 착각에 빠져 있으면 구성원과의 원만한 관계는 기대하기 힘들다.

또한 업무적인 측면에서는 원칙과 기본을 준수해야 하고, 업무 전문성에 있어서는 구성원이 그 역량을 신뢰할 수 있어야 한다. 그리고 구성원이 일하는 면에서는 자율성 보장과 권한 위임을 통해 구성원의 창의성이 맘껏 발휘되도록 배려하는 것이 바람직하다.

반면 리더와 구성원 사이 상호신뢰를 위해서는 구성원 역할도 중요하다. 리더에 대한 호의, 즉 아부가 아닌 순수한 인간관계의 좋은 감정이 무엇보다 중요하다. 업무와 관련해서는 시간 준수, 원칙과 기본 준수, 성실성은 기본이고, 하고 있는 업무에 대해서는 전문적인 역량을 쌓아가도록 꾸준히 노력해야 한다. 이것이 구성원의 리더와의 신뢰구축 뿐 아니라 다른 구성원에게도 긍정적인 영향을 줄 수 있다. 조직구성원 사이에 이 같은 신뢰가 구축되어 있을 때 리더의 조직관리 효능감이 구성원들에게 자연스럽게 스며들어, 나아가 구성원들의 집단효능감에도 긍정적인 영향을 줄 것이다. 리더와 구성원 간 신뢰가 없으면 리더가 아무리 조직을 잘 이끌어가려고 해도 좋은 결과를 기대하기가 힘들다. 조직을 성공적으로 이끌 의지와 신념이 있어도 그 의지가 구성원들에게 스며들기가 어렵기 때문이다. 신뢰가 쌓여 있지 않으면 조직을 성공적으로 이끌기 위한 파트너로 생각하기가 힘들다. 각각을 사익을 추구하는 개인으로 보려는 경향이 강하기 때문이다.

조직구성원 간 신뢰가 구축되어 있으면 리더들은 조직을 성공적으로 끌어가기 위한 나름대로의 전략을 수립해야 한다. 그리고 조직을 리더가 어떤 방향으로, 어떤 생각을 가지고, 어떤 결과를 얻기 위해 끌고 가는지를 구성원들이 같이 공감할 수 있어야 한다. 구성원은 리더의 신념과 의지를 보고 싶어한다. 그런데 리더가 조직을 끌어가는 데 자신감이 없고, 의지나 신념이 약하면 구성원은 중심을 잃게 된다. 나아가 일에 대한 도전의식이 약해질 뿐 아니라 일의 성공에 대한 확신이 없어 추진력도 떨어진다.

따라서 리더들은 구성원들이 리더의 눈빛, 몸짓, 행동, 언어 등에서 리더의 자신감을 읽을 수 있도록 해야 한다. 또한 비전, 구체적인 실행 방향을 보이고, 구성원이 노력해서 얻을 수 있는 결과를 예측할 수 있어야 한다. 그다음에 구성원에게 주어지는 보상은 자연스러운 것이 될 수 있도록 틀이 짜여 있어야 한다. 구성원의 노력으로 얻어지는 결과들을 순수하게 그들의 공으로 돌리는 리더의 해량이 필요하다. 일의 결과에 대한 보상도 구성원들이 노력한 결과로 주어지는 것임을, 당연히, 자연스럽게 받아들이도록 해야 한다. 리더가 구성원에게 베푸는 선물로 인식되도록 생색을 내서는 안 된다는 것이다. 리더의 조직관리 효능감이 빛을 발하려면 항상 조직의 중심에 구성원이 놓일 수 있도록 배려하는 자세가 필요하다.

02

리더효능감이
조직의 유효성을 크게 한다

 리더의 높은 효능감이 조직의 유효성을 확대한다. 높은 효능감을 지니고 있는 리더는 자신의 능력뿐 아니라 구성원의 능력에 대한 믿음도 강하다. 그 믿음을 바탕으로 조직의 구성원이 조직의 비전을 달성하는데 적극적으로 동참하도록 동기부여한다. 이러한 리더의 자기효능감을 근간으로 한 리더효능감은 조직구성원들에게 과업을 성공적으로 잘 수행할 수 있으리라는 믿음을 심어준다. 효능감이 높은 리더가 구성원들의 능력에 대해 확신감을 표명하는 등의 행동을 하면 구성원의 임파워먼트 수준을 높이며, 궁극적으로는 조직의 집단효능감을 향상시킨다.

 집단효능감은 어떤 조직이 가지고 있는 능력에 대한 집단적 믿음을 말한다. 물론 구성원 모두가 집단효능감이 높을 수는 없다.

구성원 개인별 자기효능감, 집단효능감 모두 차이가 있을 수 있다. 그런데 그같이 차이가 존재하는 구성원 전체의 집단효능감을 일정 수준까지 끌어올리려면 리더의 효능감이 중요한 역할을 한다. 여러 리더의 효능감이 있을 수 있겠지만 그중에서도 자신감이 매우 중요하다. 물론 근거 없는 자신감이 아닌 구체적인 비전에 입각한 자신감이어야 한다. 구체적인 실행력, 그 실행 결과에 대한 성공 확신이 뒷받침된 자신감이라야 한다. 이처럼 자신과 조직의 구성원에 대한 자신감을 보여주는 리더의 행위가 조직구성원의 집단효능감 향상에 긍정적 역할을 한다. 이러한 리더의 모습을 통하여 구성원들은 리더에 대한 신뢰가 형성되어, 조직이 어떠한 어려움에 직면하더라도 이를 잘 해결해나가리라는 믿음을 갖게 된다.

이러한 조직의 분위기는 조직의 구성원들 간 긍정적인 팀워크를 형성한다. 나아가 긍정적인 팀웍은 구성원들 간 신뢰와 믿음을 형성하는 역할을 하게 되어 조직의 유효성을 크게 하는 결정적 요인이 다. 이러한 구성원 간 신뢰나 믿음은 그 조직에 어떠한 업무가 주어지더라도, 또는 조직이 어떤 난관에 부딪치더라도 잘 헤쳐 나갈 수 있으리라는 확신을 심어준다. 이같이 과업을 성공적으로 수행해낼 수 있으리라는 신념을 구성원들이 갖게 되면, 그 조직이 다른 조직에 비해 더 높은 성과를 내리라는 인식으로 연결된다.

이같이 어떤 조직이 과업을 성공으로 이끄는 데는 리더의 높은 조직관리 효능감이 중요한 역할을 한다. 리더의 높은 조직관리 효

02 리더효능감이 조직의 유효성을 크게 한다

능감은 구성원들이 각자 자기효능감을 키우는 데 큰 영향을 미치기 때문이다. 나아가 구성원들의 집단 효능감에도 당연히 큰 영향을 끼친다. 그 결과 구성원들이 조직의 성과에 대한 긍정적인 기대를 가지게 되므로, 자신의 노력을 투입하려는 동기가 향상될 수 있다. 궁극적으로 이러한 동기는 조직성과에 긍정적인 영향을 끼치고 조직의 유효성을 키우는 데 중요한 요인으로 작용한다. 지속적인 실패를 거듭하던 어떤 조직이 새로 부임한 한 사람의 리더에 의해 성공하는 조직으로 변화하는 건, 결국 리더의 높은 자기효능감이 구성원들의 집단효능감을 키우기 때문이다.

높은 효능감을 가진 리더는 과연 어떤 사람인가? 긍정적 자아개념을 갖고 있는 사람이다. 긍정적 자아개념을 지닌 사람은 자긍심과 자기효능감이 높고, 정서적으로 안정되어 있고, 삶을 스스로 통제할 수 있는 사람이다. 긍정적 자아개념을 갖고 있는 사람들은 더 높은 수준의 자아인식을 나타내고, 더 효과적인 리더십을 발휘할 가능성이 높다.

높은 효능감을 지닌 리더는 자아개념을 중심에 두기 때문에 공식적인 리더로서의 위치뿐 아니라, 홀로 있을 때에도 리더로서의 위치를 쉽게 망각하지 않는다. 이 같은 리더의 진정성이 곧 구성원들을 이끌어가는 힘이다. 구성원은 효능감 높은 리더의 행동을 통해 기대하는 결과를 가져올 수 있겠다는 믿음을 갖게 된다. 거기에 구성원 스스로 개인의 능력이나 역량에 대한 신념이 더해졌을 때 조직의 유효성은 배가된다.

그러면 조직의 구성원들은 리더의 어떠한 특성에 동기부여 될까? 첫 번째는 정확하고 균형 잡힌 자기 진단을 하고, 자기 검증 수준이 높아 자신의 신념과 가치관에 따라 행동하는 리더이다. 두 번째는 조직구성원과의 관계적 투명성을 유지하는 리더이다. 그러한 리더는 구성원과의 개방성과 진실성을 소중하게 생각한다. 또한 구성원이 자신의 강점과 약점을 함께 볼 수 있도록 돕는 리더이다. 관계적 투명성이 높아지면 신뢰를 통해 구성원 간 협조와 팀워크를 향상시킬 수 있게 된다. 즉, 리더가 자신을 알고 수용하면 할수록 구성원들과의 신뢰성, 개방성, 생각과 감정의 공유 수준이 높아진다. 그래서 리더의 효능감에 구성원들의 효능감이 더해져 조직의 유효성을 극대화할 수 있다.

세 번째는 내재화된 도덕관점을 지닌 리더이다. 내재화된 도덕관점을 갖고 있으면 외부압력에 의한 통제 대신 자신의 내적 도덕기준과 가치관에 따라 행동하는 경향이 강하다. 그러한 리더는 긍정적인 도덕적 관점을 가지고 있기 때문에, 다른 사람들이 자신에게 얼마나 영향을 미칠 수 있도록 허용할지에 대해서 스스로 통제력을 지닌다.

리더의 긍정적 자아개념을 바탕으로 형성된 이 같은 특성들은 구성원들에게도 긍정적인 영향을 미친다. Bandra(1977)는 그가 제시한 학습이론에서, 개인의 행동은 다른 사람의 행동이나 주어진 상황을 관찰하고 모방하는 것에서 이루어진다고 했다. 리더의 긍정적 자아개념으로 형성된 높은 효능감은 구성원들에게 긍정적 영향을 끼치게 된다는 것이다. 따라서 그러한 리더와 함께 근무하는 구성원들은 자기효능감이 높은 직원들로 성장할 가능성이 매우 높다는 것이다. 그렇게 되면 그 조직구성원들은 도전적이고 구체적인 목표를 설정하고 과업을 수행하게 되어, 조직의 유효성을 키워가는 데 기여할 가능성이 높아진다.

과연 여러분이 몸담은 조직의 리더들은 어떤 모습인가? 여러분이 어떤 조직의 리더라면 어떤 모습의 리더인가? 한번 자문해보기 바란다. 나는 구성원에게 긍정적인 에너지를 주고 있는가? 나는 구성원들에게 힘을 불어넣고 있는가? 혹시 자기효능감이 강한 구성원의 효능감을 떨어뜨리고 있지는 않은가? 아니면 그저 평범한 리더로서 자리 지키기에 연연하고 있지 않은가? 확실한 것은 지금 던져진 질문 중에 여러분이 몸담고 있는 조직에 속한 리더의 모습이 분명 하나쯤 있다는 사실이다. 지금 어느 조직을 이끌어가고 있는 리더인 누군가의 모습이 있다는 사실이다.

지금까지의 모습은 중요하지 않다. 앞으로 구성원에게 어떤 모습으로 비쳐지기를 바라는지 그려보는 게 더 중요하다. 구성원이 여러분의 모습에서 긍정적인 에너지, 높은 리더의 효능감을 볼 수 있도록 자신을 가꿔가는 게 무엇보다 중요하다.

그러한 리더의 모습은, 구성원 스스로 구체적인 목표를 세우고 도전하는 자기효능감이 높은 구성원으로 성장해갈 수 있는 거울이 될 수 있기 때문이다.

03

조직구성원들과
바람직한 교환관계를 맺어라

리더의 조직관리 효능감을 키우는 데 또 다른 중요한 항목은, 리더와 구성원 간 바람직한 교환관계를 맺는 것이다. 그중에서도 조직구성원들의 동기에 긍정적으로 반응하는 것이 중요하다. 조직의 목표를 효과적으로 달성하려면 구성원의 직무 만족이 선행되어야 하기 때문이다. 구성원의 직무 만족은 리더의 긍정적인 동기 피드백을 근간으로 한 바람직한 교환관계가 큰 영향을 미친다. 리더의 구성원들에 대한 신뢰가 그중에서도 핵심이다. 과거의 일방적인 리더십 관계에서 벗어나 리더와 구성원 간 신뢰가 형성될 때, 혁신 행동이나 역할 외 행동이 발현될 수 있기 때문이다. 과거의 지시적이고 권위적인 리더십이 아닌 신뢰와 긍정적인 동기부여를 바탕으로 한 리더의 역할이 요구되는 시대이다. 이러한 리더십을 바탕으로 리더는 구성원들에게 명확한 비전을 제시하고, 동기부여나 임파워먼트 제고는 물론 구성원들과의 지식공유를 통해 조직의 유효성을 높일 수 있다.

급격히 변화하는 기업환경은 그 어느 때보다도 조직구성원의 임파워먼트를 중시하고 있다. 특히 과거와는 달리 복잡한 전략적 수준의 업무비중이 높아져, 조직의 리더들은 구성원 스스로 자율적으로 일하도록 해주어야 하는 실정이다. 리더는 직접적으로 구성원을 이끌기보다는 구성원 스스로가 전념해야 할 이념을 내면화시키고, 전체적인 방향만 제시해주는 편이 바람직하다. 주어진 방향의 범위 내에서 창의성을 발휘하여 자율성을 가지고 일하도록 하는 게 더욱 효과적이다. 이는 리더와 구성원 두 당사자 간 상호신뢰, 배려, 협조, 원활한 의사소통, 긍정적 동기부여가 이루어질 때 가능하다. 이렇게 되면 구성원의 욕구를 높이고 궁극적으로는 구성원의 신념이나 욕구가치의 변화 등을 가져오기 때문이다.

리더가 조직구성원의 동기에 긍정적으로 반응하면, 리더의 요구나 업무할당에 의해 이루어지던 일방적인 시스템에 변화를 가져온다. 이는 구성원 스스로 도전 목표를 설정하고 실행해가는 자율성이 확대되는 결과로 이어진다. 리더는 구성원이 비구조화된 과업을 스스로 수행할 수 있도록, 동기만 부여하는 단계에 접어들게 된다. 이렇게 되면 리더와 구성원의 관계는 시간이 흐르면서 질 높은 상호간 긍정 단계로 접어든다. 높은 수준의 교환관계는 사회적 교환(social exchange)이론에 토대를 둔다. 서로에게 가치 있는 자원을 제공하며 나아가 서로 간 교환관계를 공정하다고 지각한다는 의미다. 이 단계가 지나면 리더와 구성원이 의기투합하는 단계로 접어든다. 즉 리더와 구성원은 서로에 대한 기대와 신뢰가 높기 때문에 비구조화된 과업에 대해서도 적극적으로 협력해 나가는 단계다. 이러한 단계에 접어들면 리더와 구성원 간 교환관계의 질은 지속적으로 안정 단계에 들어서고, 조직의 유효성은 더욱 확대된다.

조직관리 효능감이 높은 리더는 구성원들의 잠재적 동기를 끌어내는 능력이 탁월하다. 그래서 상위 수준의 욕구를 만족시킬 수 있도록 긍정적으로 동기화하여, 구성원이 적극 따라올 수 있도록 행동을 유도한다. 그 결과 리더와 구성원 간 긍정적인 상호작용을 낳는다. 이렇게 되면 각자는 업무와 관련된 욕구와 상대방의 관심사에 대해 지속적인 관심을 보인다. 나아가서는 상호신뢰, 존경, 의무 및 공동목표 달성으로 특정되는 동반자적 관계로 발전한다. 구성원의 동기에 대한 리더의 이와 같이 긍정적인 반응은, 구성원의 조직 유효성을 키우는 데 매우 중요한 요소이다.

리더의 긍정심리의 근간은 진정성 리더십이다. 진정성은 리더의 도덕성과 조직의 신뢰를 회복하는 데 중요한 리더십으로 간주된다. 리더의 진정성이 조직에 긍정적인 에너지를 불어넣어 조직의 유효성을 키우는 데 매우 중요하게 작용하기 때문이다. 리더의 진정성은 조직 내 긍정의 심리기능과 바람직한 성과, 조직구성원의 작업 결과와 직접적인 연관이 있다. Harter(2002)는 진정성을 "한 사람이 진정한 자기내면의 생각(욕구, 필요, 선호, 신념등) 및 감정에 따라 자신을 솔직하게 표현하는 것이라고 했다. 즉, 자신과 관계가 있는 생각과 감정을 진정성을 가지고 나타내며 말과 행동이 조화롭게 외향적으로 표현되는 것"을 의미한다는 것이다. 따라서 진정성 있는 리더, 구성원이 된다는 것은 그들의 팀과 조직에 만족하고 정서를 공유할 때 이루어진다. 따라서 조직의 유효성에 영향을 미치는 긍정심리자본은 리더, 구성원 어느 한쪽의 노력만으로는 이루어 질 수 없다.

리더에게는 자기효능감과 아울러 조직관리 효능감이 있다. 그리고 구성원에는 자기효능감이 있다. 즉, 리더에게는 자기가 맡고 있는 조직을 성공적으로 이끌어갈 수 있다는 신념과 조직관리 효능감이 있다. 그리고 조직구성원은 자기가 맡은 바 업무를 성공적으로 수행할 수 있다는 신념과 자기효능감을 가지고 자신과 조직을 위해 열정을 가지고 일하게 된다. 리더는 조직구성원의 역량을 최대한 발휘하도록 해 조직의 유효성과 성과를 극대화하고자 할 것이다. 그리고 조직구성원은 자신의 역량을 최대한 발휘해 조직에 기여하고, 자신이 발전하는 디딤돌로 삼고자 할 것이다. 어느 조직의 리더든 구성원이든 거의 비슷한 목표를 가지고 조직에 몸담고 자신을 불태우고 있다. 그러나 각 리더가 조직을 이끌어가는 모습은 동일하지 않다. 그리고 조직에 몸담은 구성원들도 조직 내에서의 다양한 특성을 보인다.

영업현장으로 들어가보자. 영업현장은 거의 어떤 조직이나 비슷하다. 일마감이 있고, 주간마감, 월마감, 분기마감, 연결산이 있다. 각 마감 시점마다 각 리더들의 특성이 두드러진다. 첫 번째는 성과가 좋지 않은 구성원들에 대한 반응이다. 결과에 대한 원인 분석도 없이 다짜고짜 그 조직의 성과가 부진한 책임을 구성원에게 모두 전가 하는 리더이다. 거기에다 큰소리부터 치는 리더이다. 그것도 모든 직원들이 보는 앞에서, 소위 인격 말살형이다. 그야말로 자기 기분 내키는 대로, 입밖에 나오는 대로 말을 쏟아내는 유형이다. 리더라면 최소한 부진 원인을 같이 고민하거나 분석해보려는 노력을 해야 한다. 그래야 구성원들에게 배려 받고 아픔을 같이하고 있다는 느낌을 줄 수 있다.

두 번째는 성과가 좋은 구성원에 대한 반응이다. 성과가 좋지 않은 구성원에 대해서 인격 말살형인 리더들의 경우 성과가 좋은 구성원들에 대한 칭찬은 어떨까? 문제는 그러한 리더들이 또 칭찬에는 인색하다는 것이다. 물론 그렇지 않은 리더들도 많지만, 칭찬에 인색한 리더들은 성과가 좋은 구성원들에게 큰소리 지르지 않는것 만으로도 보상이라고 생각하기도 한다. 혹시 칭찬을 하더라도 진정성이 느껴지지 않는 칭찬으로, 그저 공허하게 들리는 말잔치로 끝내버리는 리더이다.

　퇴직 전 마지막으로 근무했던 지점에서 있었던 일이다. 정년퇴직을 아름답게 마무리하고 싶었다. 그동안은 직원들에게 하라고 하고, 어떻게 해야 성과를 높일 수 있는지 주로 말로써 직원들을 독려해왔던 데 대한 미안함이 마음을 항상 무겁게 짓누르고 있었다. 정년퇴직을 앞두고 지역본부로 발령이 났다. 발령이 난지 얼마 되지 않아 지역본부장 면담을 했다. 지점에 가서 직원들과 같이 판매를 해보겠다고 얘기했다. 그래서 본사의 가장 큰 관심사항인 개인택시를 많이 팔아보기로 마음먹고 현장을 직접 카탈로그를 들고 뛰었다. 개인택시는 회사의 얼굴로 통했다. 개인택시 기사의 구전 선전효과도 무시하지 못할 뿐 아니라, 해당 자동차가 길에서 많이 눈에 띄어 판매 증대에 긍정적인 효과를 가져올 수 있기 때문이다. 그 결과 일 년 동안 판매한 물량이 전년에 팔아왔던 물량의 약 세 배에 가까운 실적을 내게 되었다. 물론 직원들을 동행해서 성공경험도 쌓게 해, 부진했던 직원이 성과를 창출해내는 결과를 가져오기도 했다.
　그냥 만들어진 결과가 아니었다. 답은 현장에 있었다. 기사 분들을 만나면서 매우 소중한 정보를 많이 들었다. 현장에서 듣는 생생한 정보라 해도 증명되지 않은 정보는 사용하지 않았다. 그러나 많은 기사분이 언급하고 실제 증명된 정보는 판촉에 적극 활용했다. 지점장으로 근무했던 서울 지점의 수석팀장이 조회 시간에 이 소식을 전하며 직원들을 독려했다는 말은, 어떤 칭찬보다도 내 가슴을 뜨겁게 하기에 충분했다.

리더에게는 공은 구성원에게 돌리고, 책임은 자신이 지는 자세가 필요하다. 성과가 좋지 않은 구성원에 대해서는 같이 원인을 분석해보고 대책을 수립해 더 나은 성과를 내도록 지원하고 배려하는 자세가 필요하다. 그래서 나쁜 결과를 전화위복의 기회로 삼도록 해주는 것이다. 그렇게 되면 그 구성원은 성과 향상을 위해 스스로 방법을 찾고, 도전하는 자세로 전환되기 때문이다. 그리고 성과가 좋은 구성원에 대해서는 진정성이 느껴지는 칭찬으로, 일에 대한 의욕이 떨어지지 않도록 세심하게 챙겨주는 자세가 필요하다. 부정적인 얘기보다는 긍정적이고 희망적인 얘기로 조직 분위기를 밝고 활기차게 끌고 가는 리더가 절실한 때가 아닐까?

04

구성원이 스스로 도전하게 하는 리더가 되라

동기부여는 개인의 자발적 행동의 방향, 강도, 지속성에 영향을 미치는 내부적 힘을 의미한다. 즉, 개인에게 동기가 생기도록 유발하고, 일정한 방향으로 목표를 향해 나아가게 하는 힘의 원천이다. 또한 자발적인 행동이 지속적으로 일어나도록 하는 심리적 과정이며, 개인이 어떤 구체적인 행동을 하기를 원하고 개입하고자 스스로 선택하는 정도이기도 하다. 자신의 행위의 근원이 되는 동기가 인간에게 존재하는데, 이를 내적 동기와 외적 동기로 구분한다. 내적 동기는 한 개인이 자신의 행위에 대해 그 자신을 인과 책임 소재로 지각할 때 내적으로 동기부여된 것이다. 내적 동기는 외부적인 자극을 인과책임 소재로 지각하는 외적 동기에 비해 과업에 대한 몰입도가 높을 뿐 아니라 성과도 높게 나타난다.

내적 동기부여는 다른 뚜렷한 보상 없이 자신이 맡은 일 자체에 내재된 즐거움이나 만족을 경험하기 위해 직무를 수행하려는 내면 욕구이다. 따라서 과업을 수행하는 행위 그 자체로 즐거움을 얻기 때문에 일에 더 몰입할 수 있다. 내적 동기부여는 구성원과 직무와의 직접적인 관계에서 발생한다. 직무를 수행하면서 얻게 되는 성취감, 도전감, 신뢰감 등을 통해 노력이 유발되는 상태로 볼 수 있다. 조직관리 효능감이 높은 리더는 이같이 내재된 구성원의 내적 유인체계, 즉 내적 동기를 유발하는 힘이 있다.

그러기 위해서는 구성원에 대한 믿음과 신뢰를 바탕으로 한 자율성 확보가 무엇보다 중요하다. 리더의 일방적인 목표 부여, 과업 수행, 간섭 등에서 벗어나야 한다. 구성원들이 스스로 과업목표를 설정하고 도전하고 창의적인 사고를 가지고 업무를 추진해 나가도록 해야 한다. 조직관리 효능감이 높은 리더는 구성원들의 능력에 대한 확신이 강해 그들을 믿고 일을 맡기고 여유를 가지고 기다려 주는 배려심 또한 뛰어나, 내적 동기를 강하게 유발한다.

내적 동기는 구성원들이 실제로 무엇을 할 것인가를 스스로 결정하는 데서부터 시작된다. 스스로 해야 할 과업을 결정하고 그 과업의 최종 성과물까지를 스스로 예측하고 성과에 대한 평가까지 스스로 하게 된다. 그래서 직무 자체를 수행해내는 열정과 동기, 직무만족도가 매우 높다. 인간은 스스로 역량을 발휘하고, 자기 결정을 할 수 있는 동기를 갖고 싶어하는 욕구를 갖고 있다. 이것이 바로 내적동기의 근원이다. 즉 역량 욕구가 충족되면 개인은 자신이 역량을 가지고 있다고 믿기 때문에, 업무 자체를 즐거운 경험으로 인식한다. 리더가 관심을 가져야 할 부분은 구성원들이 자율적으로 일할 수 있는 분위기를 조성하는 일이다. 개인의 자율 욕구는 외부 압력 또는 통제가 아닌, 자신의 자발적인 선택에 의해 활동을 시도할 때 내적 동기가 유발된다고 보기 때문이다.

또한 리더는 구성원들이 내적 동기를 유발할 수 있도록 일의 의미를 깨닫도록 해주어야 한다. 직무와 관련해 직무 기술의 다양성, 과업 정체성, 과업 중요성을 경험하게 하는 과정을 통해 일의 의미를 깨닫도록 하는 게 중요하다는 얘기다. 또한 직무 자율성을 통해 이루어낸 일의 결과에 대해 전체적으로 책임을 경험하게 하는 과정도 필요하다. 일의 결과에 대한 피드백을 통해 직무 활동과 관련한 성과 결과와 지식을 습득하는 데서 오는 심리적 만족을 경험하도록 하는 것도 물론이다. 내적으로 동기 부여된 사람이 외적으로 동기 부여된 사람보다 다양한 과업에서 더 높은 수준의 창의성을 발휘하고 과업의 질 또한 높다고 한다. 도전의식을 갖고 지속적으로 일을 추진할 수 있기 때문에 구성원에 대한 리더의 내적 동기 유발은 매우 중요하다.

내적 유인체계, 즉 내적 동기부여에 있어서 가장 중요한 게 구성원들에 대한 자율성 보장이다. 업무의 자율성은 어떤 조직에 들어온 초기, 즉 입사 초기부터 행해지는 훈련과 습관이 매우 중요하다. 입사 초기부터 리더가 사사건건 간섭하고, 지시하고, 통제하는 분위기에 길들어지면 구성원의 자율성은 떨어진다. 구성원의 자율성이 저하되면 창의성을 발휘하지 못하게 되고 조직의 유효성은 떨어지게 된다.

저자의 입사 초기 업무는 기획과 전략수립이었기 때문에 창의성이 많이 요구되었다. 따라서 직속 리더의 지시보다는 스스로 독창적인 아이디어를 끌어내야 했다. 그러다 보니 자율적으로 스스로 일을 찾아서 하는 데 익숙해졌다. 그러나 업무특성상 권한 위임이 원활히 이루어지지 않았다면 지시와 통제에 길들여졌을지도 모른다. 지시와 통제에 의해 일하는 습관으로 자율성과 사고의 유연성이 떨어져, 긴 조직 생활에서 스스로 일을 찾아서 하는 데 익숙지 않아 많은 애로를 겪는 경우를 자주 목격하곤 한다.

일반적인 생활도 그렇지만 일에서도 습관이 매우 중요하다. 습관이 어떻게 형성되느냐에 따라 일하는 특성이 몸에, 그리고 머리에 자리 잡기 때문이다. 창의적인 사고가 뛰어난 사람은 평소 지속적으로 창의적인 사고에 익숙해진 사람이다. 평범한 것으로는 성이 차지 않는다. 그래서 끊임없이 사고하고 고민한다. 이 같은 사람 배후에는 그 자율성을 뒷받침해주는 리더가 있기 마련이다. 그런데 어느 순간 리더가 바뀌어 그 같은 자율성에 바탕을 둔 창의성을 발휘하는 구성원을 제대로 뒷받침해주지 못하면, 그 구성원은 방황한다. 나아가 업무 효율도 떨어져 조직 유효성을 크게 저해하는 요인으로 작용한다. 더 심하면 우수한 인력이 그 조직을 떠나버리는 결과로 이어질 수도 있다.

　구성원에게 내적 유인체계를 사용하려면 어느 순간까지 기다려주는 자세도 필요하다. 사람들은 일을 할 때 어떤 결과를 만들어내는데 있어서 각자 소요 시간이 다를 수밖에 없다. 개인마다 과업 성숙도에 차이가 있을 뿐 아니라, 개인별 의지나 집념, 여러 제반사항에 있어 차이가 있기 때문이다. 리더는 모든 구성원의 일에 대한 역량이, 일을 잘하는 구성원만큼의 수준에 도달할 수 있기를 바랄 것이다. 그렇게 되려면 구성원 각자의 노력도 중요하지만 리더의 역량과 노력도 중요하다. 구성원들은 리더에게서 장단점을 헤아려 스스로 취사 선택한다. 장점은 배우려고 애쓰지만 단점은 싫어하는 감정으로 쌓여갈 수 있다. 리더는 구성원들을 지도 육성해야 할 책임이 있다.

　리더는 먼저 구성원 간 나타나는 역량과 특성의 차이를 인정해야 한다. 구성원들이 지닌 역량은 더 높은 수준으로 끌어올리도록 노력하고, 특성은 바람직한 방향으로 발현될 수 있도록 세심한 배려가 필요하다. 대부분의 리더는 구성원의 일의 과정이나 결과가 맘에 들지 않으면 싫은 표정을 드러내거나, 먼저 짜증을 내기도 한다. 그러나 리더는 먼저 구성원의 역량 차이와 다름을 인정해야 한다. 그러한 구성원도 노력하면 언젠가는 좋아질 거라는 확신을 가지고 기다리면 좋은 결과를 가져올 수 있다. 당장 마음에 들지 않더라도 묵묵히 기다려주는 인내와 격려가 필요하다.

그러면 언젠가는 구성원 스스로 일을 찾아서 하고, 더 나은 방법을 연구하고, 리더가 의도하는 바 그 이상의 결과를 도출해낼 것이다. 구성원이 목표도 스스로 세우고 적극적으로 도전할 수 있도록 하기 위해서는 리더의 구성원에 대한 내적 동기부여가 어느 때보다 필요하다. 흔히 잘 통하는 사람들끼리는 눈빛만 봐도 서로를 알 수 있다고 한다. 리더와 구성원들 간 관계도 마찬가지이다. 관계가 잘 형성되면 말하지 않아도 어느 순간 서로가 생각하는 바를 읽게 되고, 서로에게 원하는 바를 알아차리는 순간이 오기도 한다. 그렇게 되면 서로의 기쁨과 아픔까지도 알아차리게 되어 서로에게 힘이 되고, 일을 더 열심히 할 수 있는 원동력이 될 것임에 틀림없다.

05

리더효능감이 구성원의
효능감을 성장시킨다

조직구성원 모두가 효능감과 신념을 갖게 하는 것은 조직의 유효성을 키우는 데 매우 중요하다. 먼저 리더가 조직관리 효능감을 갖고 있어야, 구성원들도 자기효능감뿐 아니라 집단효능감까지 배양하는 데 더 큰 도움을 줄 수 있다. 그 조직을 성공적으로 이끌어 갈 수 있다는, 리더의 확신에 찬 자신감이 중요한 이유다. 리더가 자신감을 가지고 임할 때 구성원들도 자신들이 수행하는 집단의 특정 업무에 대해 성공적인 결과를 도출해낼 것이라는 확신을 함께 갖고 임하게 된다.

조직의 목표 달성 및 구성원의 열정과 일에 대한 몰입 등은 리더의 리더십에 달려 있다 해도 과언이 아니다. 리더의 효과적인 리더십은 구성원의 지적자극을 도모하고 개별적인 배려를 통해 구성원을 동기부여 하고 집단 효능감을 높이는 데 영향을 준다. 조직구성원들이 높은 효능감과 신념을 갖게 되면, 집단목표를 높이 설정하는 경향이 있다고 한다. 그 결과 좋은 전략을 개발하고, 긍정적인 경험을 하며, 성공적인 과업 수행으로 결국 집단의 성과를 강화한다. 또한 조직구성원에게 높은 집단 효능감이 있으면 어려운 목표에 대한 몰입과 응집력을 높이고, 이를 통해 집단의 업무수행 능력을 강화하게 된다는 것이다.

그러면 조직구성원의 효능감과 신념은 어떻게 키울 수 있는가? 조직구성원의 집단효능감에 영향을 주는 요인으로는 리더의 행동과 효능감, 리더의 정체성, 긍정적 피드백, 집단의 응집력과 신뢰, 조직의 몰입도, 집단의 성공과 실패 경험, 구성원이 피부로 느끼는 임파워먼트 등이 영향을 미치는 변수이다. 그중 요즘 가장 주목받고 있는 리더십 개념 중 하나가 바로 구성원의 임파워먼트에 큰 영향을 끼치는 서번트 리더십이다. 기존 리더십 연구들은 주로 업무완성과 관계중심 연구였다. 그러나 서번트 리더십은 구성원과의 관계와 이를 통해 업무의 완성을 추구하는 효과가 극대화된 리더십이다.

Spears(1995)는 서번트 리더십을 모든 사람의 존엄성과 가치에 대한 믿음, 리더의 권력은 구성원으로부터 기인한다는 민주적인 원칙에 입각한 리더십이라고 했다. 서번트 리더십의 구성 요소로 경청, 공감, 치유, 설득, 인지, 통찰, 비전제시, 청지기 의식, 구성원 성장, 공동체 형성 등 10가지를 제시했다. 경청은 구성원의 의견에 관심을 갖고 구성원의 생각과 느낌을 진지하게 수용하는 리더의 행동이다. 구성원의 의견을 듣는 가운데 문제의 핵심이나 대안을 파악할 수 있기에, 서번트 리더에게 필요한 가장 기본적인 자질이다. 공감은 구성원의 입장에서 상황과 견해를 이해하려고 노력하는 행동 특성이다. 구성원에게 무엇이 필요한지 파악하는 것 또한 리더의 중요한 자질이다.

자칫 리더들이 간과할 수 있는 게 치유인데, 이는 구성원 간 관계, 업무 스트레스, 감정적 아픔, 좌절감 등이 치유될 수 있도록 돕는 것이다. 치유는 구성원들의 입장에서 희로애락을 진심으로 같이 공감하는 리더의 인간적인 매력이 있을 때 가능하다.

설득은 리더로서 권위, 지시, 그리고 통제가 아닌 쌍방향적인 대화와 설득으로 영향력을 행사하는 것이다. 이를 통해 구성원의 주인의식과 자발적인 참여를 이끌어내어 성과를 향상시킬 수 있다.

인지는 전체 상황과 상황에 영향을 주는 요소들을 정확하게 판단하는 리더의 행동 특성이자 중요한 역량이다. 통찰은 과거 경험과 직관을 바탕으로 현재와 미래의 결과를 예측하여 미래에 대한 비전을 제시하는 능력이다. 나머지 요소들도 구성원의 효능감을 키우는 중요한 리더의 특성이기 때문에 절대 간과하거나 지나쳐서는 안 된다.

그중에서도 구성원이 집단효능감을 갖게 하는 데 요즘 가장 중요하게 대두되는 개념이 비전 제시와 구성원 성장이다.

취업난이 매우 심각한 상황이다. 대졸 25~29세 실업자가 10%에 육박한다고 한다. 그런데도 대기업 취업자의 1년 미만 이직율이 52%를 넘는다고 한다. 왜 이런 현상이 일어날까? 자신이 몸담은 조직의 비전을 볼 수 없어서이고, 자신의 성장을 기대할 수 없기 때문이다. 어느 조직이든 비전은 있다. 물론 비전의 크기, 실현 가능성, 시대성 등은 다를 수 있지만 말이다. 그러나 그 비전이 말단 조직에까지 전파되고, 구성원들이 그 비전을 인지하고 있는지의 여부는 큰 차이가 있을 수 있다.

그 차이는 어디에서 올까? 한마디로 조직의 실행력이다. 얼마나 일관되게 비전을 달성하기 위해 조직구성원이 일사불란하게 움직이고 있는지를 얘기하는 것이다. 또한 경영층에서는 그 비전을 달성하기 위해 얼마만큼 솔선수범하고 있는가를 뜻한다. 그 비전을 이루기 위해 어떠한 것들을 하고 있는지는 구성원들이 더 잘 안다. 비전이 단순히 말과 글로써 나타난 구호에 그치고 있는 건 아닌지 돌아봐야 한다. 구성원 10명 중 8명이 기업의 조직 혁신에 의구심을 갖고 있다는 조사 결과를 상기해야 한다. 비전과 실제로 행해지는 요소들이 따로 겉돌고 있다면 조직구성원들은 방황한다. 상황이 더욱 악화되면 구성원들은 그 조직에서 성장을 기대하기 어렵다고 판단하고, 떠나게 된다.

구성원의 집단 효능감 향상을 위해서는 조직구성원 모두가 공유하고 있는 비전이 있어야 한다. 그 비전은 크고 실행 가능하면 더욱 좋다. 그러나 설령 작고 미약 하더라도 그 비전을 위해 그 조직의 모든 구성원이 같이한다면 그것이 곧 희망이다. 그 조직의 대표 말단 구성원까지 혼신의 노력을 기울이는 모습이 생생하게 살아 있어야 하는 것이다. 성경에서 "네 시작은 미약하였으나 그 끝은 창대하리라"라고 했다. 비전의 크기가 중요한 게 아니라 그 비전이 꼭 실현 되리라는 확신으로, 그 조직에 처음 발을 내딛는 신입사원의 가슴을 뜨겁게 움직일 수 있어야 한다.

　몸담고 있는 조직이 구성원 모두의 가슴이 그 뜨거운 열정으로 훨훨 타고 있는지 돌아보자. 그렇다면 확신을 가져도 좋다. 오너와 리더들의 가슴에서만 훨훨 타다가 꺼져버리는 불꽃이 아닌지 돌아다봐야 한다. 그 열정이란 아래로 내려갈수록 더 뜨겁게 타오르는 불꽃이어야 한다. 불꽃은 아래에서 바람을 불어넣으면 더 힘차게 타오르기 때문이다. 조직에 그러한 열정, 신념, 확신이 꽉 차 있을 때 그 조직에 들어온 신입사원의 가슴도 덩달아 뜨거워질 것이다. 그 조직에서 자신의 청춘을 불사를 만한 가치가 있다고 생각할 것이다. 그 조직에서 확실한 비전을 보고, 아울러 자신의 노력으로 자신의 성장도 기대하게 될 것이기 때문이다.

　이같이 비전과 성장, 기대감으로 꽉 차 있는 조직은 집단효능감이 높아 조직의 유효성이 매우 클 수밖에 없다. 집단효능감이 높은 조직을 만들려면 오너 한사람의 노력만으로는 힘들다. 그 조직에 몸담은 단위조직 리더들의 역할이 중요하다. 리더의 확신에 찬 말 한마디, 뜨거운 몸짓 하나, 조직을 끌고 가는 당찬 실행력 등에서 구성원은 그 조직의 비전을 발견하게 된다. 그래서 리더의 역할이 매우 중요하다. 리더들은 부정적인 얘기보다는 긍정적인 얘기, 비관적이기보다는 낙관적인 태도로 구성원들에게 희망을 안겨줄 수 있어야 한다. 신입사원이 입사했는데 먼저 입사한 선배들 입에서 비관적인 얘기가 나와서는 안 된다. '회사가 어려워 급여 인상폭도 적다.'든가, '연말 성과급도 받지 못했다.'든가, '입사하면 2년을 버티지 못하고 퇴직하는 분위기다.' 이런 말들 말이다.

　물론 기업이 어느 순간 어려울 수도 있다. 어떤 오너가 어려운 상태로 기업을 계속 끌고 가고 싶겠는가? 언젠가는 기업을 정상에 올려놓아 구성원들에게도 많은 혜택을 주고, 구성원들이 자신이 몸담고 있는 조직을, 자신들의 자랑스러운 성장의 디딤돌로 여길 수 있도록 하고 싶을 것이다. 단위 조직의 리더들은 오너의 열정을 같이 공유하고, 그 뜨거운 열정이 구성원 한 사람, 한 사람에게 까지 전파될 수 있도록 진정성을 가지고 구성원들에게 다가가도록 해야 할 것이다.

06

탄력적 효능감으로
주도적으로 일하게 하라

탄력적 효능감이란 구성원들이 어려운 일에 직면했을 때도 자신의 긍정적인 심리자원을 활용해 능력을 최대한 발휘하고 자기효능감을 조절할 수 있는 능력을 말한다. 탄력적 효능감을 갖고 있는 직원들의 특징은 어떨까? 주된 특징은 긍정적이고 주도적인 면이 강하다는 것이다. 그러한 특징으로 탄력적 효능감을 갖고 있는 구성원은 환경에 대한 두려움이 적어, 어떤 환경에 끌려가지 않고 그 환경을 통제하고 스스로 끌어가고 극복해가는 적극성을 지닌다.

탄력적 효능감이 높은 구성원은 주도적인데, 주도적인 구성원은 자신이 속한 업무환경과 상호작용하면서 끊임없이 변화를 추구한다. 단지 자신의 환경에 영향을 받는 수준에 그치지 않고, 환경을 직접 창조하고 만들어내려고 한다. 또한 주도적인 구성원은 무엇인가를 시도하려고 하며 자신의 성과를 개선하기 위해 피드백과 정보를 잘 찾아 나선다. 탄력적 효능감이 높은 주도적인 사람은 목표를 추구하기 위해 자신이 개발될 수 있도록 동기부여하고, 강한 의지를 보이는 특징을 지닌다. 주도적인 사람은 자신이 무엇을 잘못했는지에 대해, 또는 수정이 필요한 부분에 대해 피드백을 찾으려고 하고 상황의 변화를 제공하는 신호에 민감하다.

탄력적 효능감이 높은 사람은 피드백을 적극 수용하면서, 이를 통해 자신의 상황에서 스스로 변화시킬 수 있는 것을 최대한 변화시키려고 한다. 나아가 자기 자신을 더 나은 방식으로 향상시키고자 한다.

요즘 교육계의 최대 화두는 '자기주도학습'과 '자기결정능력배양'이다. "그동안 교육계는 자기결정능력을 키우는 일을 중시하지 않았습니다. 그 결과 많은 아이가 결정장애를 앓고 있습니다"라고 서울시 교육감이 서울시 전역의 교사들에게 보낸 편지에 지적했다고 한다. 그러면서 그는 "자기결정능력을 배양하는 것이 교육의 중요한 과제로 재설정되어야 합니다"라고 강조했다. 아이들을 자기 삶의 주인으로 키우고 싶다는 것이 요지였던 것이다. 이 명제가 교육계의 화두로 새삼 떠오른 이유는, 학생 스스로 자기 삶의 주인공으로서 살지 못하는 어두운 현주소를 말해주고 있기 때문이다.

지방에 있는 대학교 강의실에서 전공토론 수업을 하던 중 학생들이 하나둘 울음을 터트렸다고 한다. 주제는 '나는 왜, 무엇이 되려고 하는가?'였다. 학생들은 '나도 왜 여기까지 왔는지 모르겠다'라며 '어떻게 살아야 할지 앞이 보이지 않는다'라고 울먹였다고 한다. 대학생들이 본인의 진로상담을 위해 찾아와 우는 경우도 비일비재하다고 하는데, 이 같은 현상은 왜 일어나고 있는 걸까? 스스로 삶의 주인이 되지 못한 채 몸만 자란 '어른 아이'같은 대학생들의 현실은, 일부의 특수한 이야기가 아니라 이 시대의 자화상이다.

한 정신과 의사는 이를 결정장애를 앓고 있는 것이라 표현한다. 부모의 과잉보호와 과잉간섭이 결정장애 환자로 키워버린 것이다. 자기 삶을 주도적으로 살아간다는 건 이들에게 너무도 요연한 이야기인 것이다. 정신과 의사는 '실패할 기회를 주는 것이 중요하다'라고 얘기한다. 아이가 스스로 선택할 경우, 실패해도 스스로 책임을 져야 한다는 생각에 딛고 일어날 힘이 생기지만, 부모의 결정대로 하다가 실패하면 좌절이 더 크다는 것이다.

이처럼 스스로 생각하지 못하는 생각장애, 결정장애는 평생 한 사람의 인생을 힘들게 할 수도 있다. 이런 상태인 채로 아이들이 대학을 졸업하고 직장에 들어가면 직장에서는 업무 몰입도가 낮고, 결혼 후에는 가장으로서 제대로 된 역할을 수행하지 못한다. 지금부터 직장에 들어오는 사회 초년생들은 부모의 과잉보호 아래 자라온 세대들이다. 리더의 역할이 어느 때보다 더욱 중요하게 인식되는 시점인 셈이다.

리더는 처음 조직에 들어온 구성원들에게 모든 걸 시키거나, 시키는 대로만 하는 로봇으로 키워서는 안 된다. 스스로 일을 찾아서 하는 습관이 몸에 배도록 이끌어야 한다. 스스로 일을 찾고 만들어서 하는 창의적인 구성원으로 키워야 한다. 그렇게 하려면 구성원들이 스스로, 주도적으로 일하도록 지지해주어야 한다.

구성원 스스로 하는 일에 대해 실패해볼 기회를 주어야 한다. 실패를 해봐야 선택과 결과에 대한 책임감을 배울 수 있기 때문이다. 마지막에는 스스로 결과를 만들어낼 때까지 기다려주는 자세가 필요하다. 이렇게 되면 구성원 스스로 판단해서 결정하고 도전해서 결과를 만들어낼 것이다. 혹시 실패하더라도 스스로 책임지고 다시 일어서는 탄력적 효능감을 지닌 구성원으로 성장하게 될 것이다.

그러면 또 리더가 조직구성원들이 탄력적 효능감을 갖게 하려면 어떻게 해야 할까? 급변하는 조직 환경에서 구성원들은 자신이 나아가야 할 방향을 확실히 알지 못하고 종종 방황하곤 한다. 이를 바로 잡아줄 수 있는 것이 리더의 적절한 피드백이다. 긍정적 피드백은 개인과 조직에 긍정적인 영향을 끼친다. 특히 리더의 긍정적 피드백은 구성원의 탄력적 효능감에 긍정적인 영향을 미친다.

자기효능감, 특히 탄력적 효능감은 개인 심리자원의 핵심으로, 피드백과 같은 인지 요소를 통해 개인이 반응함에 따라 높아질 수도 낮아질 수도 있다. 특히 긍정적 피드백은 구성원의 심리자원을 끌어올려, 개인의 성과는 물론 조직의 유효성도 키우는 결과를 가져온다. 따라서 리더는 구성원들에게 가능한 긍정적 피드백을 통해 심리 자원을 끌어올려야 한다.

리더는 조직의 목표달성을 위해 구성원의 방향 설정을 조절할 수 있는 능력을 가져야 한다. 구성원의 방향 설정은 세심한 지시보다는 적절한 긍정적 피드백으로 자연스럽게 이루어진다. 이 같은 리더의 능력이 구성원의 탄력적 효능감을 키워 조직의 유효성을 확대할 수 있다. 리더는 이런 능력을 발휘하는 과정에서 구성원의 동기를 부여하는 긍정적인 행동을 하기도 하고, 똑같은 목적이지만 부정적인 행동을 하기도 한다.

그래서 리더의 긍정적 피드백을 통해 구성원들은 자신의 행동을 강화하고 자신감을 갖기도 한다. 반면 부정적 피드백을 통해서는 업무나 상급자에 대한 반감, 또는 자기를 스스로 비판하는 경향을 가지기도 한다. 긍정적 피드백은 성공적인 과업 수행에 대한 동기 부여로 개인의 역량 강화를 통해서 성취감을 부여할 수 있다. 동시에 피그말리온 효과와 같은 구성원의 내재된 동기를 유발하고, 목표 설정 수준도 높이는 결과를 가져올 수 있다. 동시에 자신에 대한 믿음도 상승하고 결국 탄력적 효능감을 갖게 되어, 개인의 성과는 물론 조직의 유효성도 확대하는 이중 효과를 낳는다.

07

구성원에 대한
관심과 배려가 충만한 리더가 되라

리더의 조직 유효성을 크게 하는 데 중요한 또 한 가지는 조직구성원에게 끊임없는 관심과 격려를 아끼지 않는 일이다. 성공을 경험할 때까지 모두가 작은 성공이라도 수시로 경험하게 하는 것이다. 사람들은 자신에게 어떤 일을 성공시키기 위한 능력이 있다고 느낄 때 그 일을 하면서 높은 동기를 가질 수 있다. 성공에 대한 자신의 믿음은 평소 작은 성공이라도 반복해서 하는 경험이 큰 밑바탕이 될 수 있다. 그런 경험들이 모여 어떤 또 다른 일을 할 때 그 일에 대한 성공의 확신을 가져다주는 것이다. 그래서 그 일을 위해 더 노력하고 그럼으로써 실제 성공률도 계속해서 높아진다.

기업에서 영업지점장으로 근무할 때의 경험이다. 영업직원들의 급여 체계는 회사에서 지급되는 기본급과 판매실적에 따른 성과급으로 이루어진다. 물론 판매를 많이 하는 직원들은 급여가 높지만 판매실적이 부진한 직원들은 급여가 항상 낮다. 그래서 판매실적으로 받는 급여의 일부분은 재투자하게 되는데, 급여가 낮은 직원들은 자기 앞가림에 급급하다 보면 고객과 식사, 선물 등 재투자할 여력이 부족해진다. 그래서 그것이 악순환의 중요한 요인으로 작용하기도 한다. 판매실적이 구조적으로 부진하게 된 동기는 다양하지만, 판매실적이 우수한 직원에 비해 활동량이 적고 고객관리가 부실하고 상담스킬이 떨어지는 게 주된 요인이다. 또 하나 중요한 원인은 낮은 자기효능감이다. 자신의 상담 능력, 고객 설득 능력 등에 대한 확신이 부족하다. 그러다 보니 고객 앞에 섰을 때 자신감이 없어 신뢰감을 주지 못하는 결정적인 요인으로 작용한다.

서울에 있는 한 지점에 부임 받아 갔을 때, 고객관리도 부실하고 상담스킬도 다른 직원에 비해 떨어져 구조적으로 판매가 부진한 한 직원이 있었다. 영업 직원들에게는 기존고객 관리도 중요하지만 신규 개척도 매우 중요하다. 그런데 그 직원은 기존 고객관리도 부실해 그동안 관계를 맺었던 고객들도 많이 이탈했을 뿐 아니라 신규 개척은 아예 엄두도 내지 못하고 있었다. 영업을 잘하는 직원들도 신규개척에는 부담이 많은데, 판매가 부진한 직원들은 더욱 그렇다. 그 직원의 판매실적을 끌어올리려면 무엇보다 신규 개척에 대한 부담을 덜어주는 게 급선무였다. 그래서 영업직원들이 꺼리는 기업체 신규개척을 해당 직원과 동행하기로 했다.

　기업체 신규개척을 통해 성공하게 되면 앞으로 기업체 방문은 물론 어떠한 영업에도 자신을 가지고 임할 수 있으리라 생각해 내린 결정이었다. 먼저 예전에 다른 지점에서 지점장으로 근무할 당시 신규개척을 해서 판매를 많이 했던 기업체를 방문했다. 기업체 판촉이 성공하면 어떤 이점이 주어지는지 실감토록 하기 위해서였다. 그 업체는 당연히 내가 판매했던 업체이고 사장과도 친분이 깊어 매우 정감 있고 부드러운 분위기로 만남이 이루어졌다. 그 뒤 방문한곳이 그 업체와 동일 업종인 신규업체였다. 그 업체에서도 어떻게 사장까지 상담이 이루어지는지 직접 보여주었다. 이후로 그 직원은 그 업종의 판매활동에 매우 적극적으로 임하게 되었다. 물론 활동을 하면서 여러 시행착오를 겪기도 했지만, 한 업체에서 판매성공을 거두면서부터는 더욱 자신감이 생겨, 동일 업종 기업체에서 더 높은 판매고를 올리게 되었다. 어느 날 그 직원이 우수 직원 대열에 합류했음을 확인할 수 있었다.

　성공을 경험한 사람들은 더 높은 목표를 설정하고 성공에 대한 가능성을 높게 지각한다고 한다. 그래서 자기향상의 동기가 높아져 성공 확률이 더 커진다. 반면 실패를 경험한 사람들은 사전실패의 경험 때문에 다시 실패할지도 모른다는 위험을 높게 지각한다. 그로 인해 낮은 동기를 갖는 부정적 정서를 경험하게 된다. 이 같은 현상은 학습 현장에서도 나타난다. 어떤 학생들은 성취 결과를 성공적으로 지각하여 이후 학습에 지속적으로 참여하는 열의를 보인다. 반면 어떤 학생들은 자신의 학습 성취 결과를 실패로 지각하여 학습의 강도도 줄고 지속력은 감퇴하며 과제에 대한 부적응 행동을 유발한다.

학창시절로 돌아가보자. 어느 반이나 일등과 꼴찌는 있다. 대부분의 선생님들은 우수한 학생들 위주로 수업을 이끌어 간다. 선생님의 질문에 답하는 학생들은 언제나 우수한 학생들의 몫이고, 성적이 부진한 학생들은 아예 수업은 관심 밖이다. 어쩌다 오랜만에 선생님이 질문하면 딴생각을 하고 있다가, 갑자기 받은 질문이라 엉뚱한 답을 하거나 침묵이 흐를 뿐이다. 고등학교 시절 한 선생님은 성적이 낮은 학생들에게도 질문을 자주 하셨는데, 주로 쉬운 문제를 질문하곤 했다. 돌이켜보면 깊은 뜻이 있었다. 성적이 낮은 학생에게 용기를 주고, 거기서 얻은 용기로 학습 의욕을 조금이나마 회복하기를 바랐기 때문이 아닐까? 작은 성공의 경험으로 보다 큰 성공을 거두길 바랐기 때문일 것이다.

조직의 리더들은 단기간 내 큰 성과를 거두려는 조급병에 걸려 있다. 당장 눈앞에 펼쳐지는 성과 말이다. 당장 눈앞에 다가오는 리더 자신들의 평가에 목을 맨다. 그러다 보니 일 잘하는 구성원에게 의지하는 의존도가 높을 수밖에 없다. 기획 부서라면 일 잘하는 직원에게 일을 맡기면 일의 질이 높을 뿐 아니라, 속도도 빠르기 때문에 계속해서 주로 그 직원에게 일을 맡긴다. 영업부서라면 지속적으로 좋은 영업 성과를 내주는 구성원에게 더 관심을 쏟고 많은 혜택이 돌아가도록 배려한다. 그러나 생각이 있고 나름대로 목표가 있는 리더는 일을 잘하지 못하는 구성원에게도 관심을 기울인다. 리더 자신이 위에서 하달하는 일에 얽매이지 않고 스스로 일을 만들어, 일이 서툰 구성원에게 맡겨 훈련을 시킨다. 그 일은 리더 스스로 만들어 부여한 업무이기 때문에 시간 여유도 있어, 차분하게 기다릴 수 있다. 그래서 그 구성원은 일의 진행 상태를 살펴 대화를 통해 최상의 결과를 만들어낼 수 있다. 그 과정에서 구성원은 반복되는 훈련을 거쳐 일의 질과 속도 측면에서 어느 순간 리더를 만족시키는 대열에 합류하게 된다.

특히 성과가 바로 나타나지 않으면 조직이 힘들어지는 영업조직에서는 리더들이 기다리는 여유를 갖기가 힘들다. 더구나 구성원들을 교육, 훈련시키기란 더 힘들다. 그런데 리더들이 더 여유를 가지고 대처해야 할 조직이 영업조직이다. 당장 눈앞에 성과가 급하다 보니까 성과가 낮은 직원을 다그치거나, 성과가 계속 좋다가 어쩌다 상과가 잠시 주춤한 직원에게까지 안달이다. 영업부서에서 말의 영향력이란 잔잔한 호수에 던진 돌멩이와 같다. 맨 위에서 한마디하면 아래로 줄줄이 더 큰 파도가 되어 전달되기 때문에, 리더들은 좌불안석이기 십상이다. 이럴 때일수록 리더들이 더 침착해야 한다. 아무리 설친다고 해도 나오지 않는 성과가 나올 리 만무하다. 오히려 조직의 분위기만 나빠져 구성원의 사기만 떨어뜨리기 십상이다.

리더는 자신의 큰소리와 구성원들에 대한 채찍으로 성과가 좋아질 거라는 착각에 빠져 있을 뿐이다. 성과가 좋다가 갑자기 나빠진 직원에게는 어떤 어려운 일이 발생한 건 아닌지 살펴봐야 한다. 또한 지속적으로 성과가 낮은 구성원들은 영업 전반적으로 검토해 도움을 주어야 한다. 그 구성원들이 부족한 측면을 채워갈 수 있도록 지속적인 교육과 훈련에 심혈을 기울여야 한다. 그러다 보면 어느 순간 작은 성공을 경험하게 되고, 나아가 반복적인 성공경험을 하게 될 것이다.

08

회복력이 높은 리더가
회복탄력성 높은 구성원을 만든다

회복탄력성은 사회 심리 및 정신의학적 관점에서는 질병이나 우울증, 또는 역경으로부터 회복되는 기능으로 그 개념이 확장되고 있다. 특히 최근에는 심리학의 새로운 패러다임으로 주목받고 있는 긍정심리학의 핵심 개념 중 하나로 인식되고 있다.

회복탄력성은 기존 문제를 해결하고 개선하는 정도를 넘어 개념 확장 중이다. 문제가 없는 평범한 구성원의 강점과 역량 및 잠재력을 발견하고 육성 발전시켜, 성과창출에 기여하도록 하는 방안으로까지 개념 확장이 이루어지고 있다. 처음에는 회복탄력성에서는 개인적 특성만을 주로 고려했다. 그러나 최근에는 개인적인 특성인 동시에 사회적·상황적 맥락에서 나타나는 특성으로 인식하는 경향이 강해졌다. 즉 개인을 둘러싼 환경인 가정, 학교, 조직, 사회

등과 개인 간 상호작용과정도 함께 고려한다.

회복탄력성은 스트레스로부터 회복하는 능력, 스트레스 상황에서 적응하는 능력, 심각한 역경에도 불구하고 이에 굴하지 않는 능력을 뜻한다. 나아가 스트레스나 역경에도 불구하고 평균 이상의 기능을 수행하는 능력을 포함한다. 같은 정도의 스트레스가 주어진다 할지라도 사람에 따라 적응과 대처의 차이를 보여주는 관점이다. 즉, 어떤 사람의 삶에는 긍정적으로 작용할 수 있으나, 어떤 사람에게는 부정적으로 작용할 수 있다는 차이를 설명할 수 있는 개념이 회복탄력성이다.

회복탄력성은 지속적으로 학습되고 발달될 가능성이 있는 가변적 특성이다. 그래서 개인의 타고난 특성인 양 인식하는 것은 위험하다. 회복탄력성을 희귀하고 예외적 현상으로 보면 안 된다. 오히려 역량을 촉진하고 자기효능감을 환원시키며 성장을 장려하는, 비교적 평범한 적응 과정에서 나타난다고 봐야 타당하다.

회복탄력성은 조직 차원에서 조직 효과성을 높이는 중요한 심리적 자원으로서 그 의미가 크다. 그래서 구성원의 회복탄력성을 키우는 데 리더의 역할이 매우 중요하다. 특히 구성원에 대한 리더의 긍정적 피드백은 회복탄력성을 키우는 데 매우 중요한 요인이다. 부정적 피드백은 구성원의 자기효능감을 낮춰 결국에는 회복탄력성을 떨어뜨리는 결과를 초래한다.

긍정적 피드백은 상대방 행동에 대한 칭찬, 대화 등을 통해 좋은 느낌을 전하는 것이다. 행동의 결과에 반응을 나타내고 그 행동을 격려하고 개인의 능력을 최대한 발휘하도록 동기를 부여하는 것이다. 무엇보다 구성원의 장점과 잘한 일에 대해 칭찬해주고 격려하는 것이 중요하다. 이를 통해 행동의 강화를 가져오고, 자신감을 부여하고, 성취감을 느낄 수 있는 역량을 강화함과 동시에 도전의식을 갖게 된다. 긍정적 피드백은 개인에게 주어진 업무와 역할을 효과적으로 수행하고 있음을 알려주기 위한 하나의 의미와 수단이다.

구성원들의 회복탄력성을 키우는 이유는 결국 조직의 유효성과 좋은 성과를 창출하기 위해서다. 리더의 가장 큰 소임은 모든 구성원의 역량을 응집해 조직의 성과를 극대화하는 것이다. 그래서 리더의 역할은 구성원들에게 힘을 불어넣어 회복탄력성을 키우는 것이다. 그러기 위해서는 긍정적 피드백과 칭찬 외에도 구성원에 대한 배려와 경청, 솔선수범도 매우 중요한 덕목이다. 배려는 구성원의 입장에서 생각하고 이해하려고 노력하는 것이다. 구성원들이 그렇게 생각하고, 일을 그렇게 하게 된 입장을 이해하려는 시도이다. 그러기 위해서는 구성원들의 입장에 서봐야 한다. 자신이 리더가 되기 전 구성원의 입장으로 돌아가 보는 것이다. 생각의 폭, 이해의 폭, 일의 질 등 모든 걸 리더가 된 현재 기준에 비추어 판단하는 것은 무리다. 갈등만 키워가게 될 것이기 때문이다.

리더는 조직의 구성원들을 자신과 함께 성장해가는 하나의 인격체로 받아들이는 게 중요하다. 경청은 구성원들의 말을 귀담아 듣는 것이다. 구성원들이 하는 얘기를 판단하고 평가 대상으로 생각해서는 안 된다. 구성원들이 어떤 일을 할 때 리더에게 일의 진행 방향, 일의 진행 예정시간, 일의 예상결과를 보고한다. 그중에서 일부가, 또는 전체가 모두 마음에 들지 않을 수도 있다. 그러나 인내하고 끝까지 듣는 자세가 중요하다. 끝까지 경청한 다음 구성원들이 한 얘기에 대해 인정할 부분은 인정하는 게 중요하다. 그리고 리더 자신의 생각을 얘기한 다음 최종 판단은 구성원들이 알아서 결정하도록 하는 게 좋다. 최종적으로 구성원이 결정한 사항이 결과가 좋지 않게 나올 수도 있다. 그러나 일의 진행과정에서 했던 생각, 판단, 결정 등 모든 것들이 무의미한 것이 아니다. 그러한 것들은 미래의 더 발전된 모습을 위한 디딤돌로 작용하기 때문이다.

구성원들의 생각, 판단, 결정, 그리고 나아가 실행력 이 모든 것은 습관이다. 생각하는 습관은 창의력과 밀접한 관계가 있다. 리더가 시키는 일에 길들여지면 생각하는 습관이 결여되어 창의력이 떨어지는 구성원이 되기 쉽다. 일을 어떻게 진행하고, 이 일을 하는 데 있어 장애요인은 무엇이고, 그 장애요인은 어떻게 극복해 일을 마무리 지을 것인가 하는 판단도 구성원 몫으로 남겨야 한다. 그래야 일의 결과에 대한 책임도 질 줄 알고 다음에 일할 때 더 나은 방향으로 일을 진행해가는 힘도 생긴다. 물론 일을 하다가 실패를 경험할 수도 있다. 그러나 실패도 해봐야 한다. 실패는 결코 손실만은 아니다. 투자해서 배운 수업료로 생각할 필요가 있다. 더 큰 성공을 위한 일보후퇴로 생각할 필요가 있다.

구성원들의 회복탄력성은 하루아침에 길러지는 게 아니다. 일을 하다가 실수도 하고, 실패도 경험하면서 스스로 일어서면서 어느 순간 형성된다. 이때 리더의 따뜻한 배려의 한마디는 다시 일어설 수 있는 힘의 원천이 된다. 구성원들이 실수하고, 조직의 성과가 좋지 않을 때 그들은 리더의 감정과 표정을 살핀다. 상황에 따라 수시로 변하는 리더의 감정과 표정에 구성원들은 안정감을 잃고 방황한다. 일을 새로운 각오로 시작하려 해도 또 실패했을 때 리더의 표정이 먼저 스쳐 지나간다. 그래서 더 망설이고 용기를 잃는다. 리더는 구성원의 실수나 실패 앞에서 의연하고 대범한 자세가 필요하다. 물론 조직의 성과가 좋지 않을 때 그러한 자세를 견지하기란 쉽지 않다. 사람은 감정의 동물이기 때문에 화도 날수 있고 기분이 나쁘지 않을 수도 있다. 그러나 리더가 의연하게 대처하면 구성원들은 그로부터 힘을 얻고 용기를 얻는다. 다시 일어설 수 있는 힘을 얻어 일을 다시 시작할 수 있다. 모든 책임을 리더가 감수하는 걸 보며 구성원들은 감사하고, 고맙게 생각해 더 큰 성과로 조직에 기여하고자 혼신의 힘을 쏟게 된다.

회복탄력성이 높은 리더가 회복탄력성이 높은 구성원들을 만들어내는 것이다. 높은 직무 스트레스 상황에도 불구하고 긍정적 정서를 유지하는 리더가 구성원들의 건강한 생활을 가능하게 한다. 또한 구성원들의 직무의 질적 수준을 높여 개인의 성장은 물론 조직효과성도 높이는 데 기여한다. 회복탄력성은 개발 가능한 특성이다. 회복탄력성은 스트레스 환경에 대한 구성원의 적응력을 높이고, 업무에 대한 만족과 직무 몰입도를 높인다. 또한 구성원 모두의 혁신행동을 높임으로써 결국에는 조직의 유효성 증대에도 크게 기여하게 되는 것이다.

집단의 공유된 신념을 조직화하라

집단의 공유된 신념을 조직화하는 것은 조직의 장기 발전에서 중요한 요소이다. 기업에서 경영자나 리더는 항상 모든 목표를 먼저 설정하고 앞에서 이끌어가는 위치에 있는 사람이다. 그들이 세운 목표는 구성원들의 에너지를 창출하게 하여 조직의 영속성을 유지케 한다. 그러나 그 에너지 전부가 반드시 직원들의 동기가 될 수 있다고 단언할 수는 없다. 구성원 모두가 목표 달성을 위해 결연한 의지로 힘을 쏟지 않는 경우도 있기 때문이다. 기업에서는 부서 내 직원 간, 또는 부서 간 목표와 정보를 공유하고 현장의 문제점을 공유하여 기업의 공동 목표 달성을 위한 노력을 기울인다. 그러나 그 목표는 단순히 공유한 것으로 달성될 수는 없다.

그 목표는 공유된 신념이 있을 때 달성될 수 있다. 그 목표는 공유된 신념과 확신이 있을 때 빛을 발한다. 그래서 리더는 그 공유된 신념을 조직화하여 모든 구성원의 가슴에 뜨거운 열정으로 자리잡게 하는 데 견인차 역할을 해야 한다. 리더는 먼저 조직 내 목표를 공유하는데 힘을 쏟아야 한다. 그다음 그 목표가 모든 구성원의 가슴과 머리에 신념으로 자리 잡을 수 있도록 해야 한다. 마지막에 그 신념이 빛을 발하도록 하려면 모든 구성원이 유기적인 최적의 커뮤니케이션을 통해 조직화되어야 한다.

예를 들어 어떤 자동차 회사에서 한 지점의 리더가 연간 목표를 1200대로 설정했다고 하자. 그런데 직원들이 힘들다고 생각한다면 직원들에게 목표를 전달한 것일 뿐이지 공유된 게 아니다. 리더와 직원 사이에서는 목표에 대한 인식차가 있다. 어떤 목표를 설정할 경우 경영진이나 리더는 그 중요성을 이해하고 있다. 그 지점의 리더가 1년의 목표를 1200대로 설정한 이유가 있는 것이다. 회사의 1년 사업계획에 의해서 그 지점에 내려온 목표에다 그 지점의 리더의 의지 목표가 일부분 반영될 수 있다. 또 그 지점의 채산성이 고려되었을 수 있다. 그 지점의 직원이 20명 정도 된다고 가정하면 그 직원들이 1년 동안 받아가는 급여, 지점 운영비, 판촉비, 점포 임대료 등에 회사의 이익 목표, 마켓 쉐어 목표, 회사의 성장 목표 등이 감안되어 목표가 설정됐을 것이다. 그런데 직원들은 자신의 판매 역량을 먼저 생각하고 자신만의 목표를 떠올리게 된다. 그 지점의 연간 목표가 1200대로 설정되었고 영업직원이 20명이라면 한 사람당 1년 60대, 월 5대는 판매해야 그 지점의 목표가 달성될 수 있다.

직원 20명 중 10명 정도가 1년 목표를 30대 정도로 생각하고 있다면, 그 지점의 목표 1200대에서 300대가 차질이 나는 900대 예상 실적으로 1년을 시작하게 된다. 여기서 리더의 역할이 매우 중요하다. 1년에 30대밖에 판매할 수 없다고 생각하는 10명의 직원들을 60대를 판매해야겠다고 생각하도록 그 방법을 모색하는 것이다. 조직구성원으로서의 책임감 부여를 위한 맞춤교육, 시장침투 전술, 고객관리 스킬, 제품교육, 개인관심사, 가정문제 등 판매신장을 위한 다각적인 교육, 상담, 판매 장애요소 극복 등, 리더가 관심을 갖고 구성원들과 풀어가야 할 숙제가 너무도 많다. 그리고 모든 구성원들이 지점의 목표를 확실하게 인식하고 지점의 목표를 달성하는 데 자신의 역할이 얼마나 중요한지를, 또 지점의 목표를 달성하기 위한 신념을 모든 구성원들이 공유할 수 있도록 조직화하는 것은 리더의 중요한 책무이다.

기업에서의 목표에 대한 공유의 예를 하나 더 들어보자. 어떤 부서에서 인원이 부족해 트러블이나 클레임이 증가하고 있다고 가정해보자. 다른 부서의 직원이 이러한 사정을 듣고 '큰일이다'라고 느낀다면, 그것을 공유라고 인식하는 사례가 의외로 많다. 그러나 여기서 이루어진 것은 어떤 부서의 문제점을 다른 부서에 보고한

데 지나지 않는다. 즉, 전달에 불과한 것이다. 정말로 공유가 이루어지려면 다른 부서의 직원이 일손이 부족한 업무를 도와주거나, 트러블대책 및 클레임 대응을 도와주면서 적극적인 협력 태세로 해결에 임해야 하는 것이다.

목표에 대한 공유는 문제를 인식하는 상태를 지나 그 문제를 해결하고, 나아가 목표를 달성할 수 있다는 신념까지 공유하는 것이다. 그러면 조직의 공유된 신념을 조직화하려면 어떻게 해야 할까? 먼저 최고경영자에게 조직 경영에 대한 확실한 비전과 중장기 목표가 확실히 설정되어 있어야 한다. 그 비전과 중장기 목표는 최고경영자 머릿속에 들어가 있는 단순한 미사여구나 숫자로 끝나서는 안 된다. 그 비전과 중장기 목표를 어떻게 달성할 것인가에 대한 확실한 설계가 있어야 한다. 그 비전과 중장기 목표를 언제까지 어떠한 구체적인 방법으로 달성할지 세부 계획이 세워 있어야 한다. 세부 계획은 구성원의 목표에 대한 공유된 신념을 위해 필요하다.

최고경영자는 자신의 비전과 중장기 목표를 어떻게 실현할지 맨 아래 구성원들까지 알 수 있도록 해야 한다. 조직의 비전과 목표달성을 위해 최고경영자는 어떻게 할 것인지 투명하게 공지해야 한다. 그리고 조직구성원에게 협조를 부탁할 부분은 근거를 들어 동참하도록 해야 한다. 무작정 희생이 아닌 조직의 미래 청사진을 제시하고, 기꺼이 동참하도록 해야 한다. 그 청사진을 위해 구성원들의 최소한의 희생이 필요하다면, 필요한 희생의 범위를 넘지 않는

한도 내에서 희생을 같이 나누도록 요구해도 될 것이다. 그러려면 조직경영에 대해 구성원들이 잘 알 수 있도록 수시로 설명회 등을 통해 전달될 수 있도록 해야 한다. 조직의 경영 상태는 꼭꼭 숨긴 채 구성원들이 목표에 대한 공유된 신념을 갖도록 하기란 절대 불가능하다. 그런다면 최고경영자 혼자 외치는 구호에 불과하다. 최고경영자가 중역회의 등을 통해 경영층까지는 신념을 공유할 수 있다. 그러나 최고경영자의 신념은 바로 아래 경영층으로 내려오면서 조금은 희석된다. 경영층의 사고의 전환, 의식의 전환, 행동의 변화를 가져오지 않고는, 절대 맨 아래 조직까지 공유된 신념을 갖기가 매우 힘든 이유이기도 하다.

요즘 미투 운동이 한창이다. 며칠 전에는 모 도지사의 비서가 미투를 선언하고 모 방송국에 나와 고백을 했다. 그런데 눈에 띄는 게 있다. 사회적인 큰 이슈가 있을 때 많은 사람들이 그 방송국을 통해 고백을 하고 인터뷰를 한다는 사실이다. 반드시 이유가 있을 것이다. 그 방송의 조직운영 철학이 사람들의 가슴에 스며들고 있기 때문이다. 뉴스를 직접 진행하는 최고경영자인 앵커의 한결같은 신념이 사람들의 가슴에 와 닿기 때문이 아닌가 한다. 그 방송국의 공정보도, 정의실현 의지, 약자 보호 등의 경영철학이 사람들의 마음에 각인되어 가는 것이다. 이 매체라면, 이 앵커라면 나의 아픔을 진심으로 같이 아파해주고 보듬어주리라 믿기 때문에

PART 04 구성원의 자기효능감을 바탕으로 리더의 조직관리 효능감을 키워라

그 피해자도 그 방송국을 통해 고백하게 되지 않았을까? 해당 방송국의 최고경영자를 비롯한 조직구성원 간 조직화되어 공유된 신념이 빛을 발하고 있는 것이다.

최고경영자의 생각과 철학이 맨 아래 조직 말단구성원에게까지 전파 되려면 정교한 시스템이 갖춰 있어야 한다. 가장 중요한 것은 리더들의 행동과 언어는 어떠해야 하며, 구성원들을 대하는 리더들의 자세는 어떠해야 할지 설정되어 있어야 한다. 그리고 각 부분의 회의체계는 어떠한 방식으로 운영해야 하는지, 구성원에 대한 분배와 복지는 어떻게 이루어지는지 등 조직 전반에 대한 운영 시스템이 구축되어 있어야 한다.

리더의 행동과 언어는 그 조직의 거울이다. 그래서 중요한 것이다. 최고경영자가 아무리 달성 가능한 비전과 중장기목표를 세우고 조직을 이끌어 간다 해도, 현장 리더들이 최고경영자와는 다른 언어, 다른 행동, 비관적인 언어를 사용한다면 그 비전은 달성되기 어렵다. 최고경영자가 조직구성원들을 최고 인격체로 대하도록 했다 해도 현장에서 실행되지 않으면 아무 소용이 없다. 현장 리더들이 성과에 급급한 나머지 그것을 지키지 못하면 출발선부터 무너지는 결과로 이어진다.

권위주의적인 조직 운영은 이미 수년 전 사장된 조직 운영방식인데도, 아직도 조직에 권위주의적인 색채가 깊이 드리운 조직이

09 집단의 공유된 신념을 조직화하라

많다는 것은 실로 한심하다. 여전히 회의 때 구성원에게 소리 지르는 리더, 아무 비전 없이 눈앞의 성과에 급급한 리더, 구성원을 조직의 성과를 위한 하나의 대상으로만 취급하는 리더가 조직에 없는지 돌아다봐야 한다. 지금 조직을 이끌어가는 최고 경영자, 리더들의 사고와 행동, 언어, 실행 방향이 조직의 비전과 중장기 목표에 부합하고 있는지 돌아봐야 한다. 그리고 그것들이 조직의 맨 아래까지 스며들어 공유되고 있는지 수시로 살펴봐야 한다. 억지로 주입하는 방식이 아니고 구성원이 신나게 받아들일 준비가 되어 있는지 살펴야 한다. 아니, 받아들여 신나게 일하고 있는지 살펴봐야 한다. 그러려면 무엇보다 군림하는 리더가 아닌, 구성원들과 함께 가는 동반자적인 사고를 가진 리더가 필요하다. 구성원들이 회사 또는 단위 조직의 목표를 '자신의 일'이라고 느낄 수 있다면 절반은 성공한 게 아닐까.

리더 자신이 눈앞의 목표가 부서나 팀, 또는 회사 전체로서 얼마나 중요한지를 먼저 깨달아야 한다. 다음은 그것을 구성원들이 같이 공유할 수 있도록 조직화하는 게 중요하다. 이를 위해, 조직의 리더들은 조직에 몸담은 구성원의 마음을 얻는 노력부터 해야 한다.

이러한 것들이 전제가 된다면 목표 설정은 직원의 동기화를 높이는 기능을 할 것이다. 조직구성원의 공유된 신념을 조직화할 수 있을 것이다. 조직의 목표 달성은 리더 한 사람, 또는 능력이 앞서는 소수의 인원만으로는 어렵고 구성원 모두가 공유된 신념을 갖고 있을 때 가능한 것임을 다시 상기하자. 구성원 모두가 공유된 신념을 갖도록 하려면 리더의 희생과 솔선수범, 배려가 크게 요구되는 시점이다.

10

리더, 조직의 성공운영에 대한
확신을 가져라

조직이 성공하려면 리더가 먼저 조직 성공 운영에 대해 확신을 가져야 한다. 리더는 자신을 믿어야 한다. 리더는 불확실한 상황에서 조직을 목적지로 이끄는 사람이기 때문이다. 이 과정에서 수많은 조직의 구성원들은 목적지를 향해 리더와 같이 걷고, 또 달려간다. 그리고 그곳에 도달하는 수많은 방법들을 조직에 쏟아낸다. 이런 상황에서 리더가 믿을 것은 자신뿐이다. 자신이 조직을 성공적으로 운영할 수 있다는 확신을 가져야 한다. 그 확신이 가능하려면 조직의 운영에 대한 확실한 비전, 목표, 신념, 확실한 역할 인식, 그리고 조직운영 철학이 정립되어 있어야 함은 너무나 당연하다.

리더가 자신의 생각에 대한 확신 없이 구성원 이 사람, 저 사람 말에 끌려다니면 그가 이끄는 조직은 좌충우돌하다가 사분오열할 가능성이 크다.

물론 자신을 너무 믿어서 문제가 되기도 한다. 독불장군형 리더로 인해 조직의 피해가 자주 발생하기도 하는데, 이들은 종종 조직을 화석처럼 굳게 만들어 황폐화시키기도 한다. 항상 열린 자세로 바람직한 조직운영의 방향을 설정하고, 때론 구성원의 의견에도 귀를 기울이는 노력을 게을리해서는 안 된다.

리더가 자신을 믿지 못하고 자신에 대한 확신, 조직의 성공운영에 대한 확신을 갖지 못하면 매우 위험하다. 조직에서 다른 사람의 얘기를 듣지 않고 자기 의견만 고집하는 리더는 큰 문제를 일으킬 수 있다. 그러나 자신을 믿지 못하고, 자신의 판단, 결정에 대한 확신이 없어 다른 사람의 정보와 판단에 의존하려는 리더는 더 심각한 문제를 일으킨다. 특히 자신을 믿지 못하는 사람은 남도 잘 믿지 못하는데, 그런 리더는 조직구성원 사이에서 신뢰관계를 구축하기 어렵기 때문이다. 만일 조직에서 어떤 리더를 발굴하려고 한다면, 그가 자신의 능력에 대한 굳건한 신념을 가지고 있는지 살펴볼 필요가 있다. 그가 자신을 얼마나 믿고 있는지, 그래서 건강한 자존감이 확고하게 자리 잡고 있는지 돌아봐야 한다. 자존감이 약한 사람은 결코 조직구성원들로부터 존경받는 리더로 성장할 수 없기 때문이다.

모든 문제의 해답은 자신에게서 나온다. 사람들은 문제가 발생하면 가장 먼저, 본능적으로 '해답이 없다'라는 생각을 가지고 뒤로 물러서게 된다. '해답이 없다'라고 생각하면 영원히 해답은 없다. 하지만 '해답이 있다'라고 생각하면 우리는 분명히 해답을 구할 수 있게 된다. 모든 면에서 '나도 이룰 수 있다'라고 확신하는 마음가짐이 가장 우선이다. 특히 리더에게 있어 이 같은 자신감, 자신에 대한 확신, 조직을 성공으로 이끌 수 있다는 확신은 조직 성공에 있어 무엇보다 중요하다. 조직의 리더뿐 아니라 개인에게도 이 같은 확신이 성공에 있어 무엇보다 중요하다.

뉴욕 양키즈 팀의 론 기드리는 1976년 마이너리그로 방출됐다. 크게 절망한 그는 야구에 대한 의욕을 잃고 고향으로 돌아가기로 결심했다. 아내는 그 상황에서도 바가지를 긁거나 불평을 토로하지 않았다. 대신 그녀는 이렇게 말했다.

"당신은 위대한 선수예요. 최고가 될 자격이 있다고요."

그는 희미한 미소를 지었지만 결심을 굽히지는 않았다. 고향으로 내려가는 차 속에서 아내는 다시 한 번 말했다.

"당신은 분명 메이저리그에서 성공할 수 있을 텐데, 그 사실을 모르게 될까 봐 마음이 아파요."

아내의 말은 그의 마음을 움직였고, 결국 그는 고향으로 가던 차를 돌렸다. 할 수 있다는 믿음을 안고 위기를 극복한 그는 마이너리그에서 열심히 노력했고, 그 뒤 1년 만에 다시 메이저리그로 돌아갈 수 있었다. 11년 뒤 기드리는 미국 야구사에 길이 남을 '최다

PART 04 구성원의 자기효능감을 바탕으로 리더의 조직관리 효능감을 키워라

승 투수'라는 기록을 남기고 은퇴했다. 론 기드리가 절망의 순간 새로운 용기를 가지고 도전해서 최다승 투수가 되기까지는, 아내의 힘이 컸다. 반드시 성공할 수 있다는 확신을 심어준 덕분이었다. 기업에서도 마찬가지이다. 기업의 경영진은 모든 리더들이 조직 성공 운영에 대한 확신을 가질 수 있도록 끊임없이 격려하고 배려해야 할 것이다. 그렇게 되면 단위 조직의 리더들은 자신의 능력에 대한 확신이 생길 것이고, 그 확신에 찬 실행력으로 구성원들까지 자신의 성공에 대한 믿음으로 조직 성공에 기여할 수 있을 것이다.

조직구성원들은 리더가 처음 부임해오면 그에게서 느껴지는 기를 느낀다. 리더에게서 느껴지는 그 힘은 하루아침에 만들어질 수 없다. 그 힘은 그동안 리더의 삶을 지탱해온 인생관, 가치관, 자기효능감, 직장인으로서의 철학 등이 종합적으로 나타나는 것이다. 구성원들은 그 힘을 처음 대하는 리더의 눈빛에서, 말과 몸짓, 행동에서 읽어 내려간다. 시간이 지나감에 따라 그 예상은 조금은 빗나갈 수 있지만 크게는 벗어나지 않는다. 리더로서의 조직의 성공 운영에 대한 확신, 의지는 그동안 리더가 쌓아왔던 자기효능감에 근거하기 때문이다.

대부분의 리더들은 처음 어떤 조직에 부임해 가면 그 조직을 어떻게 이끌어 갈 것인지의 청사진을 구성원들에게 얘기하고 같이 공유하고자 한다. 처음에 그렇게 얘기하는 것은 그와 같은 청사진을 펼쳐가는 데 모두가 동참해주기를 바라는 의미에서일 것이다. 또한 그 청사진은 반드시 달성되어야 하고, 반드시 성공할 수 있으리라는 확신을 구성원들과 같이 공유하고자 하는 것이다. 혹시 일을 하면서 성공에 대한 확신이 부족한 구성원들에게는 할 수 있다는 자신감을 심어주어 새롭게 각오를 다지도록 촉구하는 의미도 담겨 있는 것이다. 이때 리더의 메시지는 조직의 성공운영에 대한 확신을 구성원들에게 심어주기 위한 것이어야 한다. 물론 구성원에 따라 조직의 성공 확신의 강도가 다를 수도 있다. 그러나 리더는 구성원에 따라 차이가 나는 그 갭을 줄이고 싶어 할 것이다.

구성원 모두가 지금까지는 어떠한 생각, 의식을 가지고 살아왔든, 지금부터는 리더가 가지고 있는 조직운영에 대한 성공의 확신감을 공유하기를 기대하고 있을 것이다. 그래서 그 메시지가 매우 중요하고, 그 메시지의 전달방식도 중요하다. 이때 가장 중요하고 절대 빠뜨리지 말아야 할 것은 구성원 스스로 일을 만들어 도전하고, 결과를 만들어 내도록 동기부여 하는 것이다. 물론 이것이 습관화되지 않은 구성원들은 힘들 수도 있겠지만, 그렇게 되어가도록 리더의 지속적인 교육과 훈련이 필요할 것이다. 이것은 그 조직의 업무 성격이 무엇이든 매우 중요한 사항이다. 업무 성격에 관계없이 이것이 습관화되어야 창의적인 사고, 창의적인 업무가 가능하기 때문이다.

그다음 중요한 것은 잠자고 있는 구성원들의 잠재역량을 발견하도록 동기부여하는 것이다. 이것은 리더가 그 조직에 몸담고 있는 동안 지속적으로 관심을 기울여야 할 사항이다. 리더가 조직운영에 대한 성공의 확신을 가지고 있다고 해도, 구성원들이 확신을 갖지 않으면 조직의 성공은 기대하기 힘들다. 그래서 구성원들의 잠재역량을 찾아내어 구성원들이 확신을 가지고 일하도록 하는 노력이 무엇보다 중요하다. 잠재역량을 찾았다고 끝난 게 아니다. 그 잠재역량을 바탕으로 구성원들이 반복적인 성공경험을 할 수 있도록 지속적인 관심과 배려가 필요하다. 반복된 성공경험은 구성원의 자기효능감을 높여, 일의 성취에 대한 확신을 가지고 도전하는 계기를 만들어줄 수 있기 때문이다.

리더가 구성원의 역량강화를 위한 노력과 배려를 지속적으로 관심을 갖고 추진할 때, 구성원은 리더의 조직성공에 대한 확신을 믿고 따라가게 된다. 그렇지 않으면 리더 혼자만의 원맨쇼가 되기 십상이다. 리더가 자신들을 위해 노력하고 있다는 사실을 인지했을 때, 구성원들이 비로소 행동으로 보여주기 시작한다. 구성원이 행동으로 움직이도록 하려면 무엇보다 리더에게는 솔선수범하는 자세가 필요하다. 리더가 움직이지 않고 말잔치만 늘어놓으면 구성원들은 리더의 조직 성공에 대해 쉽게 확신하지 못한다. 리더의 그러한 행동은 구성원들의 실행력을 떨어지게 할 뿐 아니라, 리더가 부임하기 전 이전의 모습들로 회귀해버리는 최악의 순간을 맞이할 수도 있다. 지금까지 쏟았던 노력들이 원점으로 돌아가버리는 안타까운 순간을 맞이하게 될지도 모른다. 가장 중요한 것은 리더 스스로, 자신이 생각한 조직 성공에 대한 생각들을 끈질기게 실천하는 실행력이다. 리더에게 있어 강력한 실행력은 아무리 강조해도 지나치지 않다.

진정한 성공은 어느 위치에 올라섰느냐가 아니라 뜨거운 열정으로 목표를 향해 끊임없이 즐거운 마음으로 도전하는 과정이었냐는 것이다. 또한 넘어질 때마다 다시 일어서는 용기는 필수적이어야 함을, 이 글을 읽는 모든 조직의 리더와 구성원이 함께 느끼는 기회가 되길 바란다. 리더와 구성원 모두, 이 같은 도전과 용기의 저변에는 자기효능감이 존재한다는 것을 어느 순간 발견하게 될 것이다. 그러나 모든 조직의 리더는, 리더가 가지고 있는 조직 관리효능감도 구성원의 자기효능감을 바탕에 둔 것이어야 한다는 사실을 기억해야 한다.

"다시 희망찬 사람은 그 자신이 희망이다. 길 찾는 사람은 그 자신이 새 길이다. 참 좋은 사람은 그 자신이 이미 좋은 세상이다. 사람 속에 들어 있다. 사람에서 시작된다. 다시 사람만이 희망이다."

박노해 시인의 시이다. 모든 조직의 경영자와 관리자들은, 조직구성원으로 하여금 일의 가치를 느끼게 하려면 먼저 사람의 가치를 느낄 수 있도록 하기 바란다. 돈이나 일보다 사람이 소중하고 귀하다는 사실을 깨닫도록 해야 한다. 그러한 리더십이 가능하려면, 경영자, 관리자부터 사람냄새가 나는 진정한 인간으로 거듭나야 하지 않을까? 자기효능감은 일과 일이 아니라 사람과 일 사이에서 쌓여가고, 사람과 사람과의 관계에서 서로 주고받는 긍정의 정신자산이기 때문이다.

능력에 대한 신념 성취에 대한 확신

자기효능감

초판발행	2018년 6월 15일
지은이	박시옥
펴낸이	안상준
편 집	안희준
기획/마케팅	이선경
표지디자인	김연서
제 작	우인도 · 고철민
펴낸곳	㈜ 피와이메이트
	서울특별시 마포구 월드컵북로 400, 5층 2호(상암동, 문화콘텐츠센터)
	등록 2014. 2. 12. 제2015-000165호
전 화	02)733-6771
f a x	02)736-4818
e-mail	pys@pybook.co.kr
homepage	www.pybook.co.kr
I S B N	979-11-89005-12-2 93180

정 가   13,000원

박영스토리는 박영사와 함께하는 브랜드입니다.